Longman
Audio-Visual French
Stage A4

Longman Audio-Visual French

Stage 1   Pupil's Book
Teacher's Book
Tapes
Filmstrips
Flashcards
Revision tapes

Stage 2   Pupil's Book
Teacher's Book
Tapes
Filmstrips
Revision tapes

Stage A3   Pupil's Book
Teacher's Book
Tapes
Wall Map of Ambiers

Stage A4   Pupil's Book
Teacher's Book
Tapes

Stage A5   Pupil's Book
Teacher's Book
Tapes

Stage B3   (CSE version)
Pupil's Book
Teacher's Book
Tapes
Wall Map of Ambiers

Stage B4   (CSE version)
Pupil's Book
Teacher's Book
Tapes

Longman
Audio-Visual French
Stage A4

S. Moore BA
Research Associate, School of Education, Bristol University

A. L. Antrobus MA
Head of the French Department, Thornbury Grammar School

G. F. Pugh MA
Head of the Modern Languages Department, Bicester School

Longman

LONGMAN GROUP LIMITED
London

*Associated companies, branches and representatives
throughout the world*

First published 1969
Third impression 1970
Fourth impression 1972

ISBN 0 582 36032 3

Set in Monophoto Baskerville
and printed by offset in
Hong Kong by Sheck Wah Tong Printing Press

Foreword

Longman Audio-Visual French is a complete and integrated course for secondary schools, covering four or five years' work to 'O' Level or CSE standard. There are alternative versions after Stage 2.

Stage A4 follows Stages 1, 2 and A3 and is the second of three stages covering two or three years' work to 'O' Level standard.

For those pupils who will be likely to take CSE or no public examination, the alternative version B3 and B4 is recommended. This follows the same general pattern at a slower pace.

Stage A4 is accompanied by twelve long-play tapes recorded at $3\frac{3}{4}$ i.p.s., containing recordings, made by native speakers, of the introductions, presentations and questions, practical conversations and structural drills, of which many are contextualised, for use in language laboratory and classroom. The recordings include spaced versions for repetition and response, as well as natural speed versions.

For the exploitation of the material contained in the Pupil's Book and tapes, it is essential to use the Teacher's Book, which includes the texts of drills and visual compositions, as well as detailed notes and suggestions on the use of the course and the revision of past work.

S.M.
A.L.A.
G.F.P.

Acknowledgements

We are grateful to the following for permission to reproduce copyright material.

Librairie Ernest Flammarion for an extract from 'La Neige en Deuil' by Henri Troyat from *Une Opération Désastreuse*; Editions Gallimard for an extract from *L'Etranger* by Albert Camus, *Le Passe-Muraille* by Marcel Aymé, 'Pour faire le portrait d'un Oiseau' from *Paroles*, and 'Refrain Enfantin' from *Spectacle* both by Jacques Prévert; and author and Pasquelle Editeurs for an extract from *Topaze* by Marcel Pagnol.

PHOTOGRAPHS
P. 8 (*top*) Henry Grant; (*bottom*) Lambretta; p. 9 Barnaby's Picture Library; p. 16 (*top*) Documentation Française; (*middle*) J. W. McConaghy; (*bottom*) Roland Lesueur; p. 17 Photo Ciccione; p. 19 French Government Tourist Office (6); p. 20 La Banque de France; p. 23 French Government Tourist Office (2); p. 24 French Government Tourist Office; (*bottom*) L'Administrateur Directeur du Centre d'Action pour la Propreté de Paris; p. 25 Barnaby's Picture Library; p. 31 Agence Rapho (3); p. 32 French Government Tourist Office (3); p. 33 Barnaby's Picture Library; p. 35 (*left*) Documentation Française; (*right*) French Government Tourist Office; p. 40 (*left*) French Government Tourist Office; (*bottom left*) Henry Grant; (*bottom right*) Photo Ciccione; p. 43 (*right*) J. Allan Cash; (*top left*) Documentation Française; (*middle*) Régie autonome des transports parisiens; (*bottom left*) Documentation Française; p. 45 French Government Tourist Office; p. 53 (3) Roland Lesueur; p. 54 (*left*) Paul Popper (*right*) Henry Grant; p. 67 Paul Popper (2); (*top left*) London Express News and Feature Service; p. 74 (*top*) London Express News and Feature Service; (*bottom*) Paul Popper; p. 79 Barnaby's Picture Library; p. 80 Henry Grant (*top*); French Government Tourist Office (*bottom*); p. 81 (*left*) French Government Tourist Office; (*right*) Paul Popper; p. 90 (*right*) Barnaby's Picture Library; French Government Tourist Office (2); p. 91 (*left*) French Government Tourist Office; (*right*) Richard Dykes; p. 93 (*left*) Documentation Française; (*right*) Ambassade de France; p. 100 Documentation Française; p. 110 French Government Tourist Office; p. 111 Photo Ciccione; p. 113 Documentation Française; p. 114 Paul Popper; p. 115 Barnaby's Picture Library; p. 120 (*left*) Paul Popper; (*right*) Ambassade de France; p. 123 Mike Andrews (2); p. 124 (*left*) French Government Tourist Office; (*centre*) Ambassade de France; H. Roger Viollet (2); p. 125 H. Roger Viollet (4); p. 126 Architects' Journal; p. 127 Agence Rapho (*left*); (*right*) Institut Technique du Vin; p. 134 Institut Technique du Vin (2); French Government Tourist Office (3); Sopexa (1); p. 135 Institut Technique du Vin (2).

DRAWINGS
William Burnard.

DESIGN
Gillian Riley.

Table des matières

L'arrivée à Paris

Bonjour, tout le monde. Je m'appelle Yves Mornet; vous me connaissez déjà; vous avez fait ma connaissance quand je suis arrivé à Ambiers pour travailler comme reporter à *La Dépêche*.

Maintenant, c'est-à-dire depuis ce matin, je ne travaille plus à Ambiers. A partir d'aujourd'hui je suis Parisien.

Il y a un mois un ami de M. Lagard, mon patron, m'a offert une place comme reporter à la radio et à la télévision. Il avait lu l'article que j'avais écrit sur l'arrestation des agents étrangers. Vous vous rappelez sans doute l'affaire de l'Agence Atomique.

Il m'avait donc demandé de lui faire un petit radio-

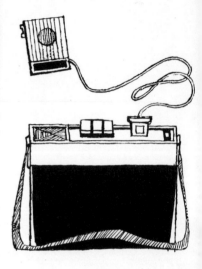

reportage; bref, cela a eu du succès et me voilà à Paris, membre de l'équipe du programme d'actualités *La Terre qui Tourne*. Je vais aussi continuer à écrire pour les magazines et les journaux.

Moi aussi, vous me connaissez déjà. Je suis Danielle Lefèvre, ancienne photographe à *La Dépêche*. J'y travaillais déjà depuis deux années quand Yves est venu à Ambiers. Quand j'ai appris qu'on lui avait offert une place à Paris, je me suis décidée à y venir aussi. Depuis longtemps je veux entrer à la télévision; je vais donc faire un stage pour metteurs en scène. Ça va durer une année. Bien entendu, je n'ai pas vendu mon appareil; j'ai toujours l'intention de faire de la photographie pour les grands magazines parisiens. J'ai une amie qui travaille pour *Jeune Paris*, revue des jeunes; elle m'a présentée au directeur, qui

va me donner du travail.

Yves et moi, nous ferons des photoreportages ensemble de temps en temps.

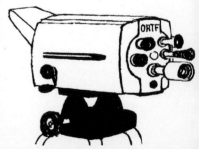

YVES   J'ai eu beaucoup de mal à trouver un appartement, mais enfin un de mes copains, Bertrand Gillot, qui travaille à l'usine Renault comme ingénieur, m'a offert son appartement au 16, rue des Rois pour une année; il n'en aura pas besoin, parce qu'il va passer l'année aux Etats-Unis.

DANIELLE   Moi, je n'ai éprouvé aucune difficulté, vu que j'ai une tante qui habite à Passy; je vais loger chez elle, 15, rue Greuze.

YVES   Danielle a toujours sa 2CV, qui continue à marcher assez bien. Elle a transporté toutes mes affaires depuis Ambiers et elle va m'aider à m'installer chez moi. Nous sommes vite arrivés à Paris, et nous voilà presque arrivés devant la grande porte de l'immeuble où se trouve mon appartement.

    1. Qu'est-ce qu'Yves va faire à Paris?
    2. Pourquoi est-ce que Danielle n'a pas vendu son appareil?
    3. Est-ce qu'Yves a trouvé un appartement sans difficulté?
    4. Où est-ce que Danielle va loger?
    5. Qu'est-ce qu'Yves va faire aujourd'hui?

1. *Dans la voiture.*

YVES	Danielle, tu tourneras à gauche au bout de cette rue.
DANIELLE	Bon, voilà la rue des Rois. Quel numéro?
YVES	Le 16. Ça doit être à droite. Ah oui, je le vois.
DANIELLE	Dis donc, ce n'est pas tout ce qu'il y a de plus moderne ici!
YVES	En effet, nous ne sommes pas dans le quartier le plus chic de Paris; je crois qu'on va démolir tous ces immeubles pour faire construire des Habitations à Loyer Modéré.
DANIELLE	Cela a déjà commencé. On voit plusieurs gratte-ciel par-dessus les toits.
YVES	Oh, je n'aimerais pas habiter dans une de ces grandes casernes-là. Je préfère rester plus près du sol.
DANIELLE	A propos, à quel étage se trouve ton appartement?
YVES	Au sixième.
DANIELLE	Ça, c'est déjà assez haut. C'est même le grenier, vois-tu!
YVES	Tu as raison. Espérons que l'ascenseur marche bien.
DANIELLE	Tes voisins nous regardent d'un air soupçonneux, n'est-ce pas? J'ai l'impression que cent paires d'yeux nous guettent par les fenêtres.
YVES	Bertrand m'a dit qu'il avait fait la connaissance de quelques types bizarres qui habitent ici. Il y a des camelots, des marchands des quatre saisons et même de vrais escrocs. Mais, pour la plupart, les locataires sont de simples ouvriers – des porteurs des Halles, des cheminots et des ouvriers d'usine.

2. *Deux minutes plus tard. Yves et Danielle sont descendus de la voiture.*

YVES	Je vais chercher la concierge. Bertrand m'a écrit qu'il avait laissé la clef chez elle.
DANIELLE	Elle n'est pas dans sa loge. Elle est peut-être en train de nettoyer l'escalier.
YVES	Je dirais qu'elle n'a pas l'habitude de le faire souvent. Il y a de la poussière partout.
DANIELLE	Regarde, quelqu'un nous fait signe de cette fenêtre au deuxième.
YVES	Pardon, monsieur, pourriez-vous nous dire où trouver la concierge?
VOISIN	Vous la trouverez au bar d'en face. Elle m'a dit qu'elle devait sortir pour faire des commissions, mais elle est allée prendre quelque chose, sans doute. Ah oui, la voilà qui sort. Hé, Mme Hervé, il y a des gens qui vous cherchent. *La concierge arrive. Elle est grosse et toujours hors d'haleine.*
YVES	Bonjour, madame. Je suis le nouveau locataire du sixième.
CONCIERGE	C'est vous le nouveau, hein? Vous êtes jeune, malheureusement. Vous rentrerez tard, sans doute, et ce sera moi qui devrai me déranger pour vous faire entrer. Votre ami rentrait toujours tard. Je devais souvent me réveiller à deux heures du matin. Mais, allons, je ne peux pas rester plantée là toute la journée à bavarder. J'ai d'autres choses à faire, moi. Les jeunes, ça n'a rien à faire, tandis que nous autres, nous gagnons notre vie. Suivez-moi, je vais vous faire monter.

3. *Au sixième. La concierge s'arrête sur le palier, tout à fait hors d'haleine.*

CONCIERGE — Enfin nous voici! Ouf, je dois me reposer un moment avant d'entrer.

YVES — Mais n'y a-t-il pas d'ascenseur?

CONCIERGE — Si, mais en ce moment il ne marche pas. Les gosses du quartier y sont entrés avant-hier; ils ont cassé la fermeture de la grille.

DANIELLE — Ne serait-il pas possible de le faire marcher? Nous avons beaucoup d'affaires à monter.

CONCIERGE — Mon mari le fera quand il aura le temps, mais il doit gagner sa vie. Il est porteur aux Halles. Il n'a pas le temps de se reposer toute la journée, comme ces jeunes voyous.

YVES — Euh, madame, je crois que vous aussi, vous avez des choses à faire. Si on entrait?

CONCIERGE — Bon, alors. Où est la clef? Je ne la trouve pas; ah si, la voilà. Vous voyez, vous avez une grande pièce, la chambre, la salle de bains et la cuisine. Votre ami vous a laissé tous ses meubles.

DANIELLE — Oh, que c'est sale ici. Je vais chercher un balai.

CONCIERGE — Je dois vous laisser maintenant. Vous n'aurez pas besoin de moi, et j'ai du travail en bas.

YVES — Merci, madame. Au revoir.

DANIELLE — Elle est vraiment charmante, n'est-ce pas?

YVES — Oh, je ne voudrais pas avoir une de ces concierges dynamiques. Celle-là ne va pas me déranger, elle est trop paresseuse.

DANIELLE — Eh bien, au travail. Nous en avons pour des heures.

YVES — Oui, d'abord il faudra faire marcher l'ascenseur. Je ne vais pas monter l'escalier trente-six fois avec mes paquets de livres.

4. *Trois heures plus tard.*

YVES — Je crois que nous avons fini. Toutes mes affaires sont rangées et tu as enlevé toute la poussière.

DANIELLE — Je voudrais bien préparer une tasse de café. Est-ce que la cuisinière marche?

YVES — Je crois qu'on a coupé le gaz et l'électricité après le départ de Bertrand, mais Mme Hervé les a ouverts.

DANIELLE — Veux-tu descendre acheter des provisions? Je vais te préparer à manger. Tu n'as pas peur?

YVES — Non, mais j'avais déjà décidé de t'offrir un bon dîner en ville pour te remercier et pour fêter notre arrivée à Paris.

DANIELLE — Chic alors! Je ne dis pas non, bien entendu.

YVES — Si on allait au Quartier Latin?

DANIELLE — Parfait, mais je dois regagner la maison pour me changer. Je n'y mettrai que dix minutes.

YVES — Dix minutes pour toi, ça veut dire une heure. Mais, en effet, tu as raison. Moi aussi je dois me changer et prendre un bain, si le chauffe-bain ne saute pas. Je te retrouve à huit heures à la sortie du Métro de Saint-Germain-des-Prés.

DANIELLE — Entendu; alors, à plus tard.

Questions

1a. Quel est le numéro de l'immeuble où Yves va habiter?
 b. Quelle impression Danielle a-t-elle du quartier?
 c. A quel étage est-ce qu'Yves va habiter?

2a. Qu'est-ce que Bertrand avait fait de la clef avant son départ?
 b. Est-ce que l'escalier est propre?
 c. Qu'est-ce que la concierge est allée faire?

3a. Pourquoi est-ce qu'Yves et Danielle n'ont pas pris l'ascenseur? Comment sont-ils montés?
 b. Pourquoi est-ce qu'Yves voudrait se servir de l'ascenseur?
 c. Pourquoi est-ce qu'Yves n'aura pas besoin d'acheter des meubles?

4a. Combien de temps est-ce qu'Yves et Danielle ont mis à installer Yves chez lui?
 b. Pourquoi est-ce qu'Yves ne va pas acheter de provisions pour ce soir?
 c. A quelle heure est-ce qu'Yves va retrouver Danielle? Où?

Exercice 1

Yves a déménagé d'Ambiers à Paris.

exemple Maintenant il va au travail en autobus.
Autrefois il allait au travail à pied.

1. Maintenant il habite dans un grand immeuble.

2. Maintenant il écoute la radio.

3. Maintenant il sort du bureau à six heures.

4. Maintenant il joue au tennis.

5. Maintenant il va au théâtre.

6. Maintenant il a beaucoup d'argent.

7. Maintenant il se réveille tard.

8. Maintenant il est reporter à la télévision.

Exercice 2

Yves a décidé de donner une surprise-partie pour fêter son arrivée. Quels préparatifs a-t-il faits? Qu'est-ce qu'il a acheté? Qui a-t-il invité?

Exercice 3

A. Yves trouve qu'il n'est pas tout à fait agréable d'habiter seul.

exemple Chez Mme Boileau il ne faisait pas la cuisine – maintenant il fait la cuisine.
1. Chez Mme Boileau il ne rangeait pas ses vêtements...
2. Chez Mme Boileau il n'avait pas besoin de faire les achats...
3. Chez Mme Boileau il ne se levait pas tôt...
4. Chez Mme Boileau il ne nettoyait pas sa chambre...
5. Chez Mme Boileau il ne devait pas faire la vaisselle...

 B. Yves a écrit une lettre à Mme Boileau. Il a parlé des différences entre sa via à Ambiers et sa nouvelle vie. Qu'est-ce qu'il a écrit?

Exercice 4

Comme Yves est un peu distrait, Danielle lui a donné une liste de choses qu'il doit faire. La voici.

Imaginez que vous êtes Yves. Il est midi et vous relisez la liste pour être sûr d'avoir tout fait. Qu'est-ce que vous dites?
Oui, j'ai...

Exercice 5

Peu de temps après l'arrivée d'Yves à Paris, le téléphone a sonné dans son appartement. C'était un des copains de Bertrand qui ne savait pas que celui-ci avait quitté l'appartement. Voici ce qu'Yves a dit. Qu'est-ce que l'autre a demandé?

YVES Allô, Mornet à l'appareil.
?

YVES Oui, mais il a quitté l'appartement la semaine dernière.
?

YVES Aux Etats-Unis.
?

YVES Pour une année.
?

YVES Oui, je le connais depuis longtemps.
?

YVES Bien sûr. Je vais vous la donner; attendez un moment.

Modèles

A. INFINITIF **donner**   PARTICIPE PRESENT donnant   PARTICIPE PASSE donné

PRESENT		PASSE COMPOSE		IMPARFAIT	FUTUR	CONDITIONNEL
je	donn**e**	j'ai	donné	donn**ais**	donner**ai**	donner**ais**
tu	**es**	tu as		**ais**	**as**	**ais**
il	**e**	il a		**ait**	**a**	**ait**
nous	**ons**	nous avons		**ions**	**ons**	**ions**
vous	**ez**	vous avez		**iez**	**ez**	**iez**
ils	**ent**	ils ont		**aient**	**ont**	**aient**

B. INFINITIF **finir**   PARTICIPE PRESENT finissant   PARTICIPE PASSE fini

PRESENT		PASSE COMPOSE		IMPARFAIT	FUTUR	CONDITIONNEL
je	fin**is**	j'ai	fini	finiss**ais**	finir**ai**	finir**ais**
tu	**is**	tu as		**ais**	**as**	**ais**
il	**it**	il a		**ait**	**a**	**ait**
nous	**issons**	nous avons		**ions**	**ons**	**ions**
vous	**issez**	vous avez		**iez**	**ez**	**iez**
ils	**issent**	ils ont		**aient**	**ont**	**aient**

C. INFINITIF **vendre**   PARTICIPE PRESENT vendant   PARTICIPE PASSE vendu

PRESENT		PASSE COMPOSE		IMPARFAIT	FUTUR	CONDITIONNEL
je	vend**s**	j'ai	vendu	vend**ais**	vendr**ai**	vendr**ais**
tu	**s**	tu as		**ais**	**as**	**ais**
il		il a		**ait**	**a**	**ait**
nous	**ons**	nous avons		**ions**	**ons**	**ions**
vous	**ez**	vous avez		**iez**	**ez**	**iez**
ils	**ent**	ils ont		**aient**	**ont**	**aient**

D. PLUS-QUE-PARFAIT

j'avais	donné	nous avions	chanté
tu avais	fini	vous aviez	choisi
il avait	vendu	ils avaient	répondu

E. PASSE COMPOSE

je suis	allé(e)	arrivé	sorti	descendu
tu es	allé(e)	monté	parti	venu
il est	allé	entré		revenu
elle est	allée	rentré		
nous sommes	allé(e)s	tombé		
vous êtes	allé(e)(s)	resté		
ils sont	allés	retourné		
elles sont	allées			

F. PASSE COMPOSE

je me suis	réveillé(e)	habillé
tu t'es	réveillé(e)	couché
il s'est	réveillé	endormi
elle s'est	réveillée	assis
nous nous sommes	réveillé(e)s	levé
vous vous êtes	réveillé(e)(s)	lavé
ils se sont	réveillés	rasé
elles se sont	réveillées	reposé

G. PLUS-QUE-PARFAIT

j'étais allé	nous étions	parti(e)s
tu étais	vous étiez	parti(e)(s)
il était	ils étaient	partis

je m'étais couché	nous nous étions	levé(e)s
tu t'étais	vous vous étiez	levé(e)(s)
il s'était	ils s'étaient	levés

Compositions

A. Avant de quitter Ambiers, Yves avait essayé de trouver un appartement dans le Quartier Latin. Il avait rêvé d'un studio chic près de la Seine. Mais le loyer d'un tel appartement serait beaucoup trop élevé. Il ne voulait pas payer plus de 200 francs par mois, puisqu'il n'allait gagner que 1000 francs à peu près.

   i   Imaginez sa conversation avec le représentant d'une agence immobilière qui a téléphoné pour lui offrir un appartement de grand luxe au premier étage d'un immeuble donnant sur les Jardins du Luxembourg, et dont le loyer est de 2000F par mois.

   ii   Voici le plan de l'appartement. Imaginez que vous êtes le représentant de l'agence immobilière et décrivez l'appartement.

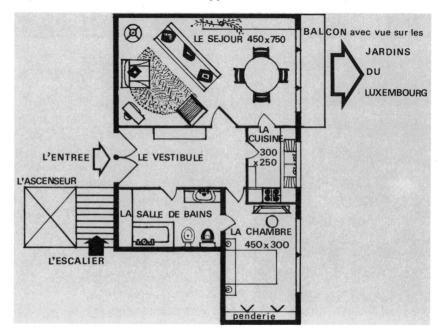

La Terre qui Tourne

B. Quelques jours après le déménagement d'Yves, son nouveau patron, Jean-Pierre Collet, lui a demandé de faire un reportage sur ses premières impressions du quartier et de ses voisins. Il lui a dit: «Ce qui va intéresser les spectateurs, ce sont les détails de la vie du quartier, les différences entre la vie d'une petite ville de province et celle d'un quartier populaire de Paris. Vous devrez parler de vos voisins, de leurs intérêts, de leur métier – comment ils vont au travail, ce qu'ils font le soir. Bref, il faut faire le portrait du quartier du point de vue d'un nouveau-venu.»

Imaginez que vous êtes Yves et faites ce reportage.

C. Maintenant faites le tableau de votre quartier ou de la ville où vous habitez.

Le café

Le supermarché

Le quartier où se trouve l'appartement d'Yves est loin d'être le plus chic de Paris. A vrai dire, c'est un des quartiers populaires du nord-est, où la plupart des maisons sont très vieilles. Depuis plusieurs années, on voit se dresser de nouveaux immeubles, les Habitations à Loyer Modéré ou H.L.M., qui commencent à remplacer les vieux bâtiments.

Pour les habitants, les rues et les places du quartier, ses petites usines et ses boutiques sont un village en plein cœur de la grande ville. Ici on est chez soi. On ne veut pas déménager pour occuper un appartement neuf dans un gratte-ciel qui pourrait être à plusieurs kilomètres de chez ses amis et ses parents.

Les gens du quartier ne sont pas riches. Ce sont des porteurs des Halles et des Gares, des ouvriers d'usine, des cheminots et de petits employés des Transports, des vendeuses des grands magasins, des camelots et des marchands des quatre saisons.

Le cœur du quartier est le grand carrefour. Pendant toute la journée les rues sont pleines de camions, d'autobus et de voitures. Aux heures d'affluence, le matin et le soir, on voit la foule d'ouvriers qui descend dans la bouche du Métro ou en sort, en route pour le travail ou la maison.

En face du Métro se trouve le café qui est le rendez-vous des hommes du quartier. Il a sa terrasse aux tables rondes installées sous un auvent jaune. A l'intérieur les appareils à sous, le babyfoot, le billard et le tourne-disques, entourent le comptoir couvert de zinc.

Le soir des jeunes en blouson noir arrivent en moto, en scooter, ou en vélomoteur pour prendre un café-crème avant d'aller s'amuser en ville. Les pères de famille arrivent plus tard. Eux, ils vont rester toute la soirée à discuter de la politique, de la grève, du football, en hommes sérieux. Mais pendant la journée les ouvriers en retraite restent plantés là des heures entières sans bavarder. Ils s'intéressent au va-et-vient du carrefour, aux embouteillages, aux disputes de chauffeurs et aux travaux. Pour eux, c'est un spectacle plus vivant que la télévision.

Les femmes du quartier ont leur rendez-vous, elles aussi. Quelques-unes préfèrent bavarder dans les boutiques ou devant la maison, mais pour les jeunes ménagères surtout c'est la laverie aux machines automatiques qui est le lieu de réunion. Là, on retrouve ses amies, on apprend les dernières nouvelles du quartier. On peut même y laisser les gosses pendant qu'on fait les achats.

A. Le lendemain de son arrivée Yves a décidé de faire le tour du quartier. Il voulait aussi faire des achats, car il avait l'intention de préparer lui-même son déjeuner. Il est donc descendu chercher Mme Hervé, qu'il a trouvée au bar d'en face. Elle parlait à la patronne et à la concierge de l'immeuble voisin, Mme Martel, qui était très grosse et encore plus paresseuse que Mme Hervé. Yves a demandé conseil à ces dames:

YVES	Je voudrais savoir où il faut aller pour acheter de la bonne viande.
MME HERVE	Tout à fait impossible d'en trouver dans le quartier. Faut aller Place de la République.
MME MARTEL	Mais on trouve de la très bonne viande chez M. Boyer, au coin de la place.
MME HERVE	Qu'est-ce que vous dites? Ce n'est pas de la viande, on dirait du cuir.
YVES	Merci, mesdames, je vais l'essayer, quand même. Et pour les légumes?
PATRONNE	Il y a un marché sur la place le mardi et le samedi. C'est plus pratique que d'aller au supermarché.
YVES	Ah, il y a un supermarché près d'ici?
MME MARTEL	Bien sûr. Et les prix sont assez bas, d'ailleurs.
YVES	Je trouve qu'il est plus facile de faire les achats au supermarché.
MME HERVE	Moi, je préfère bavarder un peu au marché.
YVES	Au revoir mesdames, et merci.

B. Yves veut acheter aussi du pain, du sucre et du café. Où est-ce qu'il va en sortant du bar? Regardez la carte et indiquez-lui où se trouvent la boulangerie et l'épicerie.

C. Danielle a offert d'aller laver les chemises d'Yves. Il doit lui indiquer comment trouver la laverie en partant de son appartement.

La laverie

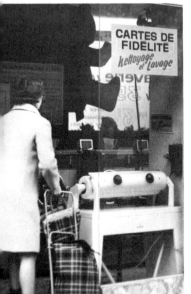

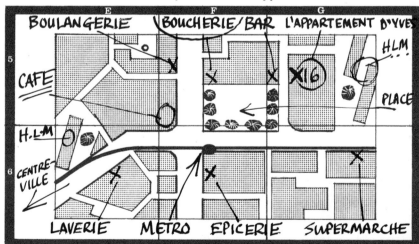

Pratique

A.

quand	j'ai sonné nous sommes arrivés on a apporté la nouvelle	tous les enfants les Boileau Yves et Danielle	étaient dans le jardin jouaient aux cartes regardaient la télévision
pendant que	nous bavardions		

Qu'est-ce que les locataires 16,
rue des Rois faisaient à 7h. hier soir?

1. Que faisait Yves quand Danielle
   a téléphoné?

2. Que faisaient les Janvier quand
   leur fille est arrivée?

3. Que faisait Mlle Roland pendant
   que son ami Michel l'attendait
   au coin de la rue?

4. Qui était déjà en train de dîner
   quand sept heures ont sonné?

5. Que faisait M. Schwartz pendant
   que sa femme préparait le dîner?

6. Que faisait Mme Hervé pendant
   que son mari faisait le ménage?

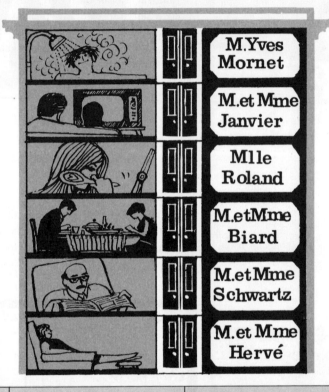

B.

quand	Mme Hervé a décidé de se lever Yves est arrivé 15, rue Greuze	M. Hervé avait déjà fini son travail tout le monde était déjà parti

1. A quelle heure est-ce que Guy était sorti?
   Où est-ce qu'il était allé?

2. Où est-ce que l'oncle Bernard était allé?
   A quelle heure?

3. Avec qui est-ce que Marie-Christine était sortie?
   A quelle heure?

4. Qu'est-ce que la tante Jeanne avait décidé de faire?
   A quelle heure?

JEUNE PARIS

SUPPLEMENT TOURISTIQUE

Bienvenue à Paris...

Paris, capitale de la France, est à la fois le centre commercial, industriel et culturel de la France, mais, pour l'étranger, c'est surtout un centre de tourisme.

A Paris il y a tant de monuments à visiter, tant de choses à faire qu'il faudrait au touriste plusieurs semaines pour tout faire. On pourrait passer une quinzaine de jours simplement à visiter les monuments les plus célèbres, mais on retournerait chez soi épuisé. Non, pour voir le vrai Paris il ne faut pas essayer de faire trop de choses. Une chose est certaine, si vous visitez Paris une fois, vous reviendrez un jour, et vous devez vous rendre compte, dès le premier jour de la visite, qu'il y a des choses que vous laisserez jusqu'à votre prochaine visite. Choisissez votre itinéraire avec soin, prenez votre temps et vous prendrez d'autant plus de plaisir à votre visite.

à ne pas manquer...

Notre Dame

L'Arc de Triomphe

La Tour Eiffel

Le Sacré Cœur

Le Louvre

Les bouquinistes

Cette ville
Aux longs cris,
Qui profile
Son front gris,
Des toits frêles,
Cent tourelles,
Clochers grêles,
C'est Paris,

VICTOR HUGO (1802–85)

Le verso d'un ancien billet de 500F, montrant, au premier plan, le grand écrivain français, Victor Hugo; à l'arrière-plan, la Place des Vosges.

Connaissez-vous Paris?

Si, à Paris, vous cherchez la paix et la tranquillité, rendez-vous à la Place des Vosges (3ᵉ arrondissement). Là, vous trouverez une place élégante, tranquille, entourée de tilleuls et de grandes maisons du dix-septième siècle. Au numéro 6 a habité Victor Hugo, un des grands écrivains français. C'est maintenant un musée où vous trouverez mille souvenirs du célèbre auteur.

D'autres personnages célèbres aussi ont habité Place des Vosges – les écrivains Alphonse Daudet et Mme de Sévigné, Bossuet, l'orateur, et le cardinal Richelieu.

Place des Vosges, on peut se promener sous les arcades en admirant les maisons élégantes, construites en brique et en pierre sous le règne d'Henri IV. Ici on se sent bien loin de la bousculade parisienne du vingtième siecle.

Des temps durs à Paris

Si vous croyez, Parisiens, que les temps sont durs de nos jours, lisez l'extrait suivant d'une lettre de Victor Hugo, écrite pendant la Guerre de '70, où les Prussiens ont entouré la ville de Paris:

Nous mangeons du cheval, du rat, de l'ours, de l'âne – et chien et chat – souris et éléphant. Sur nos tables sans nappes, la pomme de terre est reine et les oignons sont dieux . . .
Nous manquons de charbon mais notre pain est noir . . .
Plus d'arbres; on les coupe ou les scie . . . Paris les brûle dans ses cheminées . . . Plus de feu pour sécher le linge . . .
Et l'on ne change plus de chemise . . . Plus de gaz. Paris dort sous un large éteignoir. A six heures du soir, ténèbres.

Cette semaine à Paris

Sélection des Spectacles   quelque chose pour toute la famille, par Annie Lelouch.

L'Opéra
Place de l'Opéra
(Mo. Opéra)

Lundi 1er à 20h 45.
Carmen de Bizet. Prix des places à partir de 5F. Locations de 11h à 18 h 30. Les portes de la salle seront fermées pendant les actes.

L'Opéra-Comique
rue Favart (Mo.
Richelieu – Drouot)

Mercredi 3 à 20h 15.
Le Barbier de Séville de Beaumarchais. Places à partir de 3F. Locations de 11h à 18h 30.

La Comédie-Française
Place du Théâtre Français
(Mo. Palais Royal)

Vendredi 5 à 20h 45.
Le Bourgeois Gentilhomme. Comédie-Ballet, en 5 actes, en prose, de Molière. Musique de Lulli. Places à partir de 1F50. Location une semaine à l'avance jour pour jour de 11h à 18h.

Théâtre Nationale Populaire
Palais de Chaillot
(Mo. Trocadéro)

Location tous les jours de 11h à 18h. (Dim. de 11 à 17h.) Location 12 jours à l'avance. Renseignements : Poincaré 39–50. Pourboire interdit – Vestiaire gratuit – Accueil en musique à partir de 18h 45.
Réouverture le 8 Novembre

MUSIC-HALLS

Les Folies Bergère
rue Richer (Mo.
Montmartre)

Soir 20h 30.
Folies en Fêtes. Revue en 40 tableaux. Pl. à part. de 10F. Locations de 11 à 18h.

CINEMAS
Royale
rue Royale (Mo. Madeleine)

Toute la semaine (sauf mardi) à 21h.
Tzigane. Un film de Richard André.

Normandie
Champs-Elysées
(Mo. George V)

Fermeture pour travaux.

LA DANSE
Théâtre des Champs-Elysées
Av. Montaigne (Mo. Alma)

Pour un mois seulement.
Festival International de Danse. Places de 5 à 50F. Location par téléphone (225–44–36) tous les jours sauf dimanche de 12 à 18h.

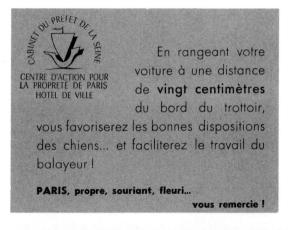

CABINET DU PRÉFET DE LA SEINE
CENTRE D'ACTION POUR LA PROPRETÉ DE PARIS
HOTEL DE VILLE

En rangeant votre voiture à une distance de **vingt** centimètres du bord du trottoir, vous favoriserez les bonnes dispositions des chiens... et faciliterez le travail du balayeur !

PARIS, propre, souriant, fleuri...

vous remercie !

Informations utiles

pour le touriste à Paris

Bateaux-Mouches

Il est possible de faire, du 1er avril au 15 octobre, des promenades en bateau-mouche sur la Seine. Ces bateaux sont amarrés sur la rive gauche, pont Solférino, face au 17 du quai Anatole-France.

Location de Voitures

Il est très facile de trouver à louer des automobiles avec ou sans chauffeur.

    Le Syndicat des loueurs d'automobiles, 6 rue Léonard de Vinci, groupe les loueurs d'automobiles sans chauffeur, et la Chambre Syndicale de Tourisme, 48 rue de la Bienfaisance, groupe les loueurs d'automobiles avec chauffeur.

Accès à Paris

Paris est le véritable carrefour de la France. Une vingtaine de routes nationales y aboutissent et les principales lignes de la SNCF ont leur point de départ aux gares suivantes :

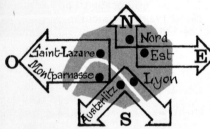

Nord (région Nord)   Lyon (région Sud-est)   Montparnasse (région Ouest)
Est (région Est)   Austerlitz (région Sud-ouest)   Saint-Lazare (région Ouest)

Les différentes gares SNCF de Paris sont reliées entre elles par des services spéciaux d'autocars.

    L'aérogare des Invalides, située dans un quartier central de Paris, est reliée par des services de cars aux aéroports du Bourget et d'Orly.

Informations inutiles

1. A Paris il y a plus d'un million de véhicules.
2. Presque la moitié des Parisiens sont des ouvriers.
3. Les Parisiens consomment, chaque jour, plus de :
       1.500 tonnes de pain   4 millions de litres de vin
       1.500 tonnes de viande $1\frac{1}{2}$ millions d'œufs.
       2 millions de litres de lait
4. Les égouts de Paris courent sur 2012 kilomètres.

Si vous êtes en visite à Paris
n'oubliez pas . . .
un plan de la ville
votre appareil photo
des chaussures confortables
des pantoufles (pour reposer vos pieds !)
du savon
une serviette
un imperméable
votre passeport ou carte d'identité
du sparadrap (pour les ampoules aux pieds !)
beaucoup d'argent !

Si on allait au Pont-Neuf?

Le Pont-Neuf, le plus vieux pont de Paris

Que faire cet après-midi? Si vous allez voir le Pont-Neuf vous serez peut-être un peu surpris. En effet, le Pont-Neuf, comme son nom ne l'indique pas du tout, est le plus vieux pont de Paris, avec ses quatre siècles d'âge. Les Parisiens de l'époque du célèbre roi Henri IV, qui l'a fait construire au seizième siècle, pouvaient s'asseoir (comme vous pouvez le faire aujourd'hui) sur de charmants petits bancs de pierre semi-circulaires. Ainsi, en retraite de la circulation, qui, à travers les siècles, y a toujours été intense, le promeneur moderne peut contempler à loisir au crépuscule le soleil sur la Seine, à travers les arches du Pont des Arts, ou regarder l'animation des visiteurs du petit Square du Vert-Galant, qui se promènent, bavardent ou jouent de la guitare. Mais pour apprécier encore plus le Pont-Neuf, il vaut mieux s'installer sur le Pont des Arts — c'est de là qu'il a été le plus contemplé, peint et photographié.

PARIS A L'AN 2000

D'ici à l'an 2000 beaucoup de secteurs de Paris vont changer de visage. Beaucoup de projets de transformation sont déjà en cours, ou partiellement en cours, notamment le Secteur de la Défense, la rénovation du Marais et la transformation du quartier des Halles.

Tandis que le centre de Paris conservera son caractère traditionnel, sur toute la périphérie de la capitale des gratte-ciel vont s'édifier aux abords des autoroutes urbaines.

Dans le Secteur de la Défense, 100.000 personnes travailleront dans 24 tours climatisées. La Défense, qui est actuellement un immense chantier, deviendra le principal centre d'affaires de Paris et 20.000 Parisiens y habiteront.

Quelques Parisiens fortunés habiteront au bord de la Seine dans des tours d'habitation hautes de 100 mètres. Leurs appartements donneront soit sur la Seine, où sera installé un petit port de plaisance, soit sur l'île des Cygnes, où sera installé un héliport. D'autres habiteront des villes nouvelles, chacune ayant près d'un million d'habitants, reliées à Paris par 1500 km d'autoroutes, par un réseau de métro express roulant à plus de cent kilomètres à l'heure, ou par des lignes d'aérotrain. Ces villes auront leurs propres usines, leurs tours de bureaux, leurs groupes scolaires, même leurs ensembles universitaires. Leurs habitants ne se rendront dans le cœur de Paris que pour leurs loisirs et leur plaisir.

CNIT (Secteur de la Défense)

PARISIENS, VISITEURS, TOURISTES, ont leur rôle à jouer pour faire de Paris la ville la plus **PROPRE,** la plus **SOURIANTE,** la plus **FLEURIE.**

Au travail en taxi

A Paris il y a des milliers de taxis. On voit partout des taxis libres, mais seulement quand on n'en a pas besoin. Si on voit un taxi quand on en a besoin, le voilà qui est déjà occupé et qui vous laisse sur le trottoir, tandis que le voyageur à l'intérieur continue bien tranquillement son chemin. Alors c'est vous qui devez prendre un autobus ou descendre dans le Métro pour arriver à destination.

Une semaine après son arrivée à Paris, Yves a quitté son appartement en courant à neuf heures moins vingt-cinq. Il était déjà en retard car il avait un rendez-vous à neuf heures avec son patron, Jean-Pierre Collet. Il lui était impossible d'y arriver à temps en prenant le Métro; quelle chance donc pour lui de voir un taxi libre qui roulait lentement dans la rue, son chauffeur cherchant un client comme Yves, qui voulait à tout prix arriver à l'heure à son bureau.

Yves a hélé le taxi, qui s'est arrêté au bord du trottoir juste à côté de lui. Il y est monté, très content d'en avoir trouvé un si facilement. Le chauffeur s'est tourné vers Yves pour lui demander où il voulait aller. Il s'appelait Jules Labadie, ce chauffeur de taxi. A ce moment-là Yves ne le connaissait pas, bien entendu, mais il allait bientôt faire sa connaissance...

1. Est-ce qu'on voit souvent des taxis libres à Paris?
2. Comment est-ce qu'on peut voyager autrement qu'en taxi?
3. Pourquoi Yves était-il en retard?
4. Qu'est-ce qu'Yves a vu en sortant de son appartement?
5. Pourquoi était-il content?

1. *Dans le taxi*

YVES Aux studios de l'O.R.T.F. s'il vous plaît... Je suis très pressé.

JULES Sans doute, mais on ne peut pas rouler trop vite, surtout aux heures d'affluence.

YVES Attention à cette voiture!

JULES Hé, chauffard! L'idiot, il n'a pas remarqué que je démarrais. Si j'ai trop d'accidents je perdrai ma place.

YVES Et je perdrai la mienne si je n'arrive pas aux studios avant neuf heures.

JULES Tant pis! Vous serez bientôt sans emploi. Vous êtes acteur?

YVES Non, depuis une semaine je suis reporter pour le programme *La Terre qui Tourne* à la télévision. Vous allez bientôt me voir à l'écran.

JULES Moi non; je n'ai pas le temps de regarder la télévision; je passe toutes mes soirées à travailler.

2.

YVES Votre travail doit être très intéressant.

JULES Il est sans doute plus dur que le vôtre. Je crois que tous les gens qui travaillent pour la télé ont un emploi assez facile...

YVES Facile, vous dites! Ecoutez! Moi, j'arrive au bureau à neuf heures du matin, et je travaille souvent jusqu'à minuit. C'est une très longue journée.

JULES La mienne commence à sept heures, monsieur, et souvent je ne finis pas avant deux heures du matin. Je dois me reposer l'après-midi, si possible.

3.

YVES Mais votre travail est quand même intéressant, n'est-ce pas?

JULES Pas souvent. La plupart du temps je m'ennuie.

YVES Mais vous gagnez beaucoup d'argent, sans doute, en travaillant tout le temps?

JULES Non, pas beaucoup; je suis sûr que mon salaire est la moitié du vôtre.

YVES Oui, mais vous avez les pourboires.

JULES Quand même, ce n'est pas grand'chose. C'est à peine si je touche cent francs par semaine. Ce n'est pas juste!

YVES N'avez-vous jamais de clients intéressants?

JULES De temps en temps; mais ce sont surtout des touristes ou des hommes d'affaires qui vont de réunion en réunion. J'ai mon travail à faire et ils ont le leur; d'habitude ils n'ont pas envie de parler avec moi.

YVES Vous avez, sans doute, eu des aventures dans votre vie de chauffeur de taxi?

JULES Jamais. La police m'a arrêté trois fois, mais seulement pour des contraventions.

YVES Comment cela?

JULES Deux fois pour excès de vitesse, et une fois quand j'ai klaxonné un agent qui réglait la circulation!

4.
YVES	Ecoutez, j'ai une idée. Votre travail me semble très intéressant quand même. Si je faisais un reportage sur la journée d'un chauffeur de taxi?
JULES	Moi, je n'aime pas du tout cette idée. Je perdrais la plupart de mes clients pendant une journée entière.
YVES	On vous payerait, bien entendu. J'en parlerai à mon patron – il est très sympathique.
JULES	Le mien n'est pas du tout sympathique. Ça ne lui plairait pas tellement.
YVES	Laissez-moi faire. Je parlerai à Jean-Pierre Collet quand nous arriverons aux studios... Oui, ce sera une émission formidable.

5.
JULES	Qu'allez-vous faire dans cette émission?
YVES	Ça dépendra; nous commencerons par vous interviewer chez vous, peut-être; puis nous parlerons avec votre femme.
JULES	Ah non, c'est un reportage sur ma journée, pas la sienne. Quand elle commence à parler elle ne s'arrête plus!
YVES	Ce serait intéressant si vous donniez votre point de vue et elle le sien.
JULES	Non, je ne veux pas de ça! Elle dirait que je travaille trop, que je ne suis jamais à la maison, que je passe tout mon temps au volant...
YVES	Bon; d'accord. C'est vous qui serez la vedette de l'émission. Nous vous suivrons avec nos caméras pendant une journée entière.

6. *Le taxi s'arrête devant les studios de l'O.R.T.F.*
JULES	Nous voici aux studios. Vous avez encore deux minutes pour arriver à l'heure; vous ne perdrez pas votre place...
YVES	Ah, merci. Je vais parler tout de suite à mon patron. Attendez un instant. S'il nous laisse faire le reportage nous verrons bientôt si votre travail est plus dur que le nôtre.
JULES	Oui, mais attendez; ça fait quatre francs soixante – le prix du trajet. On doit gagner sa vie.
YVES	Pardon. Voilà un billet de cinq francs. Gardez la monnaie. A tout à l'heure...
JULES	Au revoir, monsieur... Quarante centimes! Voilà pourquoi les employés de la télé sont riches tandis que moi, je suis pauvre. Mais, courage, peut-être qu'un jour je serai moi-même une vedette de la télé...

Questions

1a. Qu'est-ce qui arriverait à Jules s'il avait trop d'accidents?
 b. Pourquoi Yves était-il si pressé?

2a. Est-ce que Jules trouvait son travail toujours intéressant?
 b. Est-ce qu'il pouvait se reposer tous les après-midi?

3a. Est-ce que Jules avait toujours des clients intéressants?
 b. Qu'est-ce que c'est qu'un pourboire?

4a. Qu'est-ce que Jules pensait de l'idée d'Yves?
 b. Comment est le patron de Jules? Et celui d'Yves?

5a. Qu'est-ce qu'on ferait dans l'émission?
 b. Est-ce que la femme de Jules parle beaucoup?

6a. De quoi est-ce qu'Yves est allé parler à son patron?
 b. Est-ce que Jules a été content de son pourboire?

Exercice 1

1. Comment est-ce qu'Yves est allé au travail?

2. Comment est-ce que Mme Labadie est allée au marché?

3. Comment est-ce qu'Yves préférerait aller au travail?

4. Comment est-ce que vous rentrerez chez vous ce soir?

5. Comment est-ce que le président est allé à Genève?

6. Comment est-ce qu'on ira en vacances?

7. Comment est-ce que le fermier est allé au marché?

8. Comment est-ce que les ouvriers sont allés au travail?

9. Comment est-ce qu'on peut voyager aux Etats-Unis?

10. Comment peut-on arriver vite à Rome?

Exercice 2

exemple Est-ce que Pierre travaille?
 Oui; tout au moins, il travaillait quand je suis arrivé.

1. Est-ce que les enfants jouent?
2. Est-ce que maman prépare le dîner?
3. Est-ce que papa prend un bain?
4. Est-ce que Françoise et Anne font le ménage?
5. Est-ce que grand-mère dort?
6. Est-ce que Monique est occupée?
7. Est-ce que Philippe écoute la radio?
8. Est-ce que Danielle nettoie sa chambre?

Exercice 3

exemple Comment est-ce que Danielle a trouvé la recette?
En cherchant dans le livre de cuisine.

1. Comment est-ce qu'on trouve
   une recette?

2. Comment est-ce qu'Yves est arrivé
   à temps aux studios?

3. Comment s'est-il cassé la jambe?

4. Comment savez-vous ce qui se passe
   dans le monde?

5. Comment pourrait-on prendre
   des poissons?

6. Comment est-ce qu'on entend
   les disques les plus récents?

Exercice 4

Jules veut toujours en dire plus qu'Yves. Qu'est-ce qu'il répond?

exemple YVES   Mon travail est très dur.
JULES   Le mien est encore plus dur que le vôtre.

YVES   Mon travail est très difficile.
Mon patron est très vieux.
Mon appartement est très petit.
Ma journée commence très tôt.
Ma journée est très longue.
Mes vacances sont très courtes.
Mes heures de travail sont très longues.

Exercice 5

Complétez les phrases comme dans l'exemple.

exemple J'ai vendu ma voiture. Et toi, as-tu vendu la tienne?
J'ai vendu ma caravane. Et toi?
J'ai déjà reçu mon argent. Et toi?
Il a perdu son billet. Et vous?
Elle a choisi sa robe. Et vous?
Il a acheté son billet. Et elle?
Elle a trouvé son chien. Et eux?
J'ai reçu mes cadeaux. Et eux?
J'ai déjà reçu mes ordres. Et lui?
Nous avons déjà retenu notre chambre. Et eux?
Elle a déjà écrit à sa mère. Et lui?

Modèles

A.

quant aux	emplois,	le mien	est plus	intéressant difficile	que	le vôtre
	jupes,	la mienne		belle longue		la vôtre
	amis,	les miens	sont plus	gentils aimables		les vôtres
	heures de travail,	les miennes		longues courtes		

B.

où est	mon paquet? mon journal?	le nôtre	est	arrivé	mais non pas	le tien
	ma lettre? ma voiture?	la nôtre		arrivée		la tienne
où sont	mes cadeaux? mes billets?	les nôtres	sont	arrivés		les tiens
	mes cartes postales?			arrivées		les tiennes

C.

j'ai déjà reçu	mon cadeau	a-t-il a-t-elle	reçu	le sien?
	ma carte postale			la sienne?
	mes billets			les siens?
	mes lettres			les siennes?

D.

j'ai déjà reçu	mon argent	ils elles	attendent toujours	le leur
	ma lettre			la leur
	mes ordres			les leurs
	mes provisions			

E. REVISION

en sortant de la banque	j'ai rencontré mon ami
en attendant l'autobus	il a vu un des voleurs
en arrivant à la gare	nous avons laissé tomber la valise
en quittant la maison	elles ont parlé à l'agent

F. REVISION

il est arrivé à temps	en prenant un taxi
elle a appris la nouvelle	en lisant le journal
j'ai réussi à le faire	en me servant du livre de cuisine
il s'est cassé le bras	en jouant au rugby
nous avons trouvé un bon hôtel	en écrivant au Syndicat d'Initiative
	en faisant un tour du quartier.

Un trajet en taxi

De tous les moyens de transport de Paris, c'est peut-être le taxi qui offre au passager la vue la plus intéressante de la capitale.

On peut héler un taxi libre qui roule dans la rue, ou bien on peut essayer de trouver un taxi 'en stationnement' au bord du trottoir.

On va à la 'tête de station' et on prend le premier taxi libre. On indique au chauffeur sa destination et on se repose sur le siège arrière en regardant, à l'extérieur, tout le va-et-vient de la vie parisienne. A la fin du trajet il faut payer le taxi; le prix du trajet est indiqué sur le compteur. En plus, il ne faut pas oublier de donner au chauffeur un pourboire d'environ quinze pour cent du prix.

Conversations

En visite dans la capitale pour la première fois, Gaby prend un taxi pour aller du Louvre à son hôtel, Place des Ternes.

A. GABY Taxi! . . . . . . vous êtes libre?
    CHAUFFEUR Oui, mademoiselle.
    GABY L'Hôtel Joubert, Place des Ternes. C'est loin d'ici?
    CHAUFFEUR Non, pas très loin.
    GABY Je voudrais passer par les Champs-Elysées.
    CHAUFFEUR Alors il va nous falloir longtemps pour arriver Place des Ternes.
    GABY Pourquoi ça?
    CHAUFFEUR Parce qu'il y a trop de circulation, surtout sur la Place de la Concorde. C'est à peine si on peut circuler là-bas...

B. CHAUFFEUR Vous voici arrivée, Place des Ternes, mademoiselle.
    GABY Ah, oui; voilà l'hôtel. C'est combien?
    CHAUFFEUR C'est quatre francs trente; regardez le compteur
    GABY Voilà cinq francs. Gardez la monnaie.
    CHAUFFEUR Merci, mademoiselle.

C. Répétez les deux conversations, mais cette fois:
    1. C'est Yves qui veut aller de l'Arc de Triomphe au Louvre.
    2. Il veut passer par la rue de Rivoli et aussi par la Place de la Concorde.
    3. Le prix du trajet est trois francs cinquante.
    4. Yves n'a pas de monnaie; il donne au chauffeur un billet de dix francs.

    Combien est-ce que le chauffeur lui rend?
    Combien est-ce qu'Yves donne comme pourboire?

Le trajet de Gaby

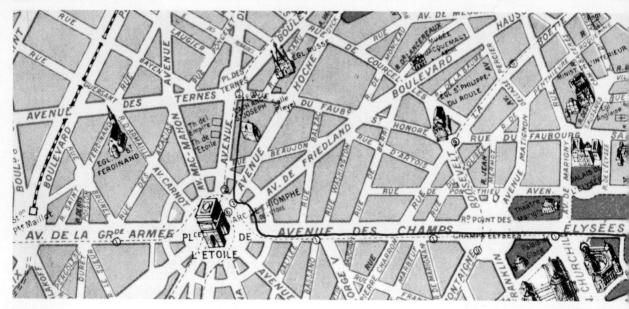

Les jardins des Tuileries

Le Louvre et les Tuileries

La Place de la Concorde

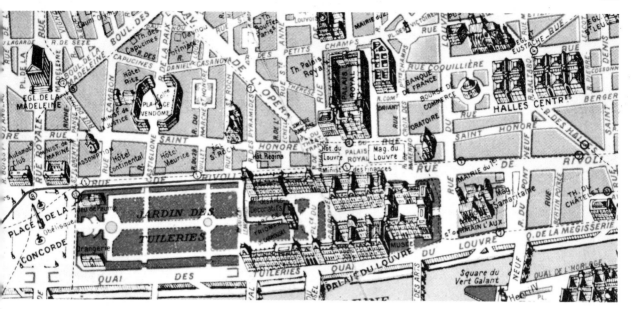

Les Champs-Elysées et l'Arc de Triomphe

La rue de Rivoli

Le taxi de Gaby a quitté le Louvre en tournant à droite. Il a passé par la rue de Rivoli entre les Tuileries et les Grands Magasins du Louvre. Gaby a remarqué à gauche les jardins célèbres et à droite les magasins très chics sous les arcades de la rue de Rivoli. Puis le taxi est arrivé Place de la Concorde où Gaby a vu l'Obélisque, et un embouteillage de quelques centaines de voitures ! Enfin ils ont pu quitter la Concorde pour remonter les Champs-Elysées. A l'Arc de Triomphe ils ont tourné à droite et ils sont bientôt arrivés Place des Ternes.

Compositions

A. Imaginez que vous êtes le chauffeur du taxi de Gaby.
1. Décrivez le trajet du Louvre à la Place des Ternes.
2. Donnez des détails de la conversation entre vous et Gaby.
3. Regardez le plan et proposez un autre itinéraire.
B. Imaginez que vous êtes Gaby.
    Donnez vos impressions sur ce quartier de Paris, que vous voyez pour la première fois.

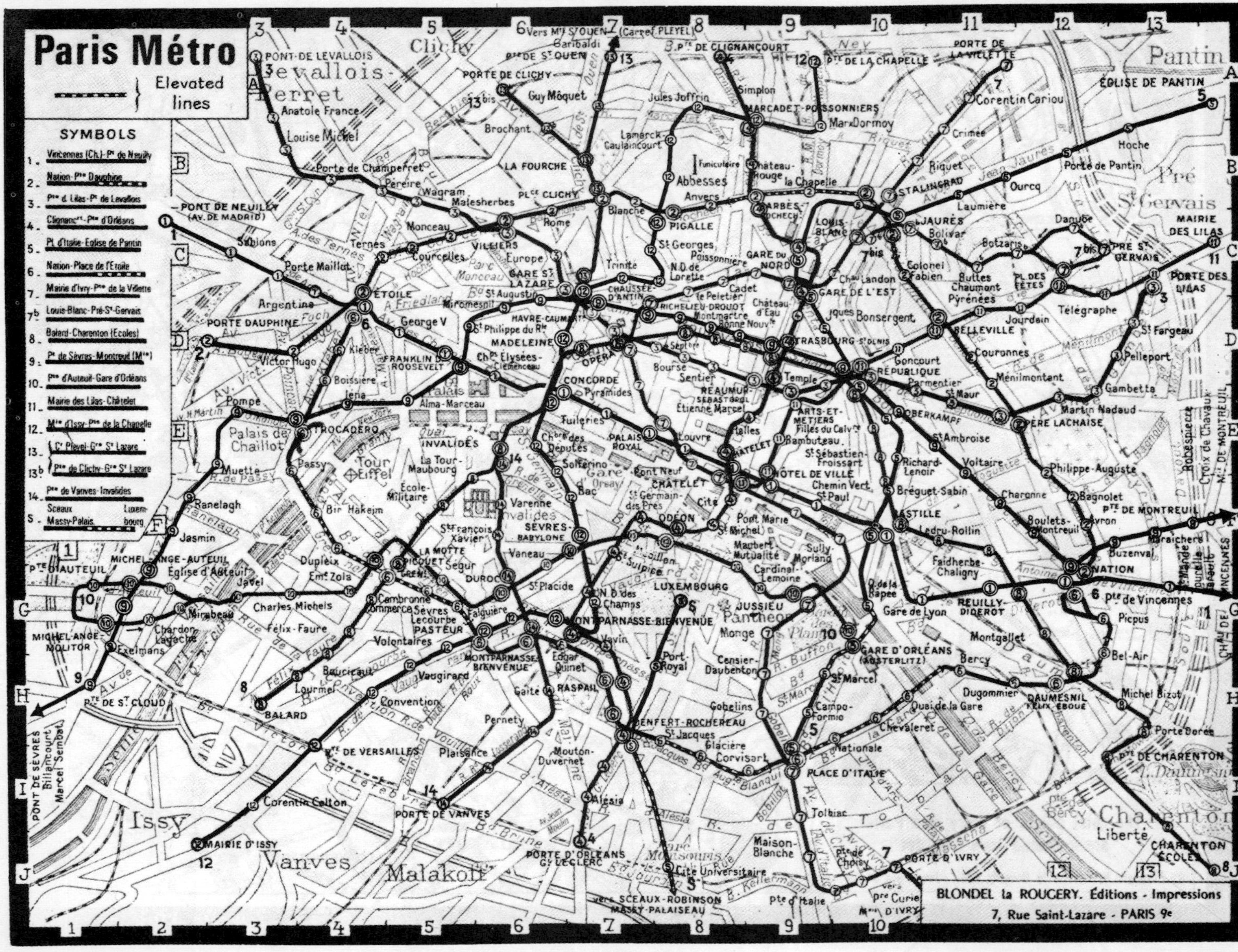
Paris Métro
Elevated lines
SYMBOLS
1. Vincennes (Ch.)-Pᵗ de Neuilly
2. Nation-Pᵗᵉ Dauphine
3. Pᵗᵉ d. Lilas-Pᵗ de Levallois
4. Clignancᵗ-Pᵗᵉ d'Orléans
5. Pl. d'Italie-Eglise de Pantin
6. Nation-Place de l'Etoile
7. Mairie d'Ivry-Pᵗᵉ de la Villette
7b. Louis-Blanc-Pré-Sᵗ-Gervais
8. Balard-Charenton (Ecoles)
9. Pᵗ de Sèvres-Montreuil (Mᵉ)
10. Pᵗᵉ d'Auteuil-Gare d'Orléans
11. Mairie des Lilas-Châtelet
12. Mᵉ d'Issy-Pᵗᵉ de la Chapelle
13. Cᵗ Pleyel-Gᵉ Sᵗ Lazare
13b. Pᵗᵉ de Clichy-Gᵉ Sᵗ Lazare
14. Pᵗᵉ de Vanves-Invalides
S. Sceaux Massy-Palais. Luxembourg
BLONDEL la ROUGERY. Éditions - Impressions
7, Rue Saint-Lazare - PARIS 9ᵉ

Une bouche de Métro
(à gauche)
Le quai dans une
station de Métro (à droite)

Malgré les embouteillages au centre de Paris, surtout aux heures d'affluence, Danielle préférait aller aux studios en voiture. Mais un jour sa voiture est tombée en panne. Danielle a donc été forcée de la laisser dans un garage près des studios et de rentrer chez son oncle Bernard en autobus ou par le Métro.

Elle a demandé à une amie ce qui serait le plus rapide. Celle-ci a répondu qu'à cette heure-là il vaudrait mieux prendre le Métro. Alors, Danielle s'est rendue à la station de Métro République.

Après avoir acheté son billet au guichet, elle a regardé le plan du Métro. Il lui semblait que le plus simple serait de prendre la ligne 5 jusqu'à la Place d'Italie et puis de prendre la ligne 6 à Passy.

Une heure plus tard, Danielle est arrivée à la station de Passy. Elle était de mauvaise humeur et très fatiguée. Avant de quitter la station, elle a demandé à un passant où se trouvait la rue Greuze.

1. Pourquoi est-ce que Danielle n'est pas rentrée en auto?
2. Pourquoi a-t-elle choisi le Métro?
3. Qu'est-ce qu'elle a fait avant de regarder le plan du Métro?
4. Le trajet a duré longtemps?
5. Pourquoi est-ce que Danielle a parlé à un passant?

1. *Devant la station de Métro.*

DANIELLE	Pardon, monsieur, pour aller à la rue Greuze, s'il vous plaît?
PASSANT	La rue Greuze? Mais ce n'est pas par ici.
DANIELLE	Oh, si.
PASSANT	Je crois qu'elle est près du Trocadéro.
DANIELLE	Oui, c'est ça.
PASSANT	Eh bien, pour arriver au Trocadéro vous allez tout droit jusqu'au carrefour. Puis vous prenez la deuxième rue à droite, la rue Franklin, et vous allez tout droit au Trocadéro.
DANIELLE	Merci bien, monsieur.

Dix minutes plus tard, sur la place du Trocadéro.

DANIELLE	Me voici place du Trocadéro, mais où donc est la rue Greuze? Pardon, madame. Est-ce que vous pourriez m'indiquer le chemin pour la rue Greuze?
PASSANTE	Mais oui. Voilà l'avenue Georges Mandel juste en face de nous. La rue Greuze est la première à droite.
DANIELLE	Merci, madame.

2. *Dans l'appartement de l'oncle Bernard. La porte s'ouvre. Danielle entre, hors d'haleine.*

DANIELLE	Ouf, enfin! Que je suis fatiguée!
TANTE JEANNE	Ah, te voilà, Danielle! Tu rentres tard ce soir.
DANIELLE	Oui, ma voiture est tombée en panne. J'ai dû la laisser dans un garage près des studios et prendre le Métro. Le trajet a pris une heure.
ONCLE BERNARD	Comment? Une heure? Mais c'est impossible. Cela demande une demi-heure au maximum. Par quelle ligne es-tu rentrée?
DANIELLE	J'ai pris la ligne 5 à la Place d'Italie et puis la ligne 6 jusqu'à Passy.
ONCLE BERNARD	Tiens, voilà pourquoi tu y as mis une heure. Il faut prendre la ligne directe de la République au Trocadéro.
DANIELLE	Oui, oui. Je le sais maintenant. Je m'en suis rendu compte après être montée dans le Métro.
TANTE JEANNE	Tu n'as pas de plan du Métro?
DANIELLE	Si, mais il y avait trop de monde pour le regarder. J'ai dû prendre une correspondance à la Place d'Italie. Une fois assise dans le Métro j'ai regardé mon plan de nouveau. C'est alors que je me suis rendu compte que je m'étais trompée.
ONCLE BERNARD	En tout cas le Trocadéro est la station la plus proche.
DANIELLE	Oui, ça aussi, je le sais maintenant.

3. *Guy entre.*

TANTE JEANNE	Voilà ton cousin qui arrive.
GUY	Bonsoir tout le monde. Je n'ai pas vu ta voiture en bas, Danielle.
DANIELLE	Non, elle est en panne. J'ai dû rentrer par le Métro.
GUY	Le Métro? Mais l'autobus, c'est bien mieux.
ONCLE BERNARD	Mais non, Guy.

GUY	Mais si! Il y a un autobus qui passe devant les studios et qui s'arrête à la Tour Eiffel.
ONCLE BERNARD	Oui, mais on a dix bonnes minutes à faire à pied après être descendu de l'autobus, n'est-ce pas?
GUY	On n'a qu'à traverser le pont d'Iéna et les jardins du Trocadéro.
DANIELLE	Eh bien, la prochaine fois je vous demanderai votre avis avant de me décider.
TANTE JEANNE	Et tu finiras par prendre un taxi!

4. *Dix minutes plus tard.*

TANTE JEANNE	Bon, maintenant on va dîner, n'est-ce pas?
GUY	Oui, moi j'ai faim.
ONCLE BERNARD	Avant de t'asseoir, Guy, descends prendre une bouteille de vin rouge à la cave, s'il te plaît.
MARIE-CHRISTINE	Comment vont tes cours aux studios, Danielle?
DANIELLE	Jusqu'à maintenant, il n'y a pas grand-chose à dire. Nous sommes une douzaine, venus des quatre coins de la France. Vous savez déjà que c'est un stage pour metteurs en scène de la télévision, mais jusqu'ici nous n'avons même pas vu de caméra.
ONCLE BERNARD	Tu nous a dit que tu vas écrire des articles pour un magazine, n'est-ce pas?
DANIELLE	Oui, pour *Jeune Paris*.
MARIE-CHRISTINE	Tu devrais raconter tes aventures dans le Métro pour le magazine.
DANIELLE	Ah oui. Quelle bonne idée! Je pourrais écrire un article sur les difficultés des transports publics à Paris. Justement, je sais que mon ami, Yves Mornet, est en train de préparer une émission de télévision sur un chauffeur de taxi. Nous pourrions peut-être faire des recherches ensemble.
ONCLE BERNARD	Excellent! Et d'ailleurs, l'argent que tu gagneras pour l'article payera les réparations de ta voiture.
TANTE JEANNE	Ah, voilà Guy avec le vin. Bon, à table tout le monde. Bon appétit!

Plan des autobus

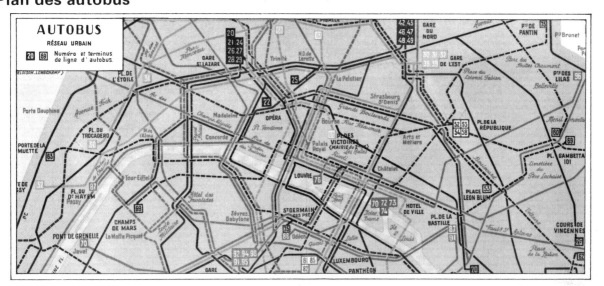

Questions

1a. A qui est-ce que Danielle a demandé de lui indiquer le chemin?
 b. La station de Passy est-elle loin du Trocadéro?
2a. Pourquoi Danielle était-elle fatiguée?
 b. Par quelle ligne était-elle rentrée?
 c. Quand est-ce que Danielle s'est rendu compte qu'elle s'était trompée?
3a. Pourquoi Guy était-il surpris quand Danielle lui a dit qu'elle était rentrée par le Métro?
 b. La rue Greuze, est-elle loin de la Tour Eiffel?
4a. Qu'est-ce qu'on a demandé à Guy de faire avant de s'asseoir?
 b. A votre avis, est-ce que Danielle était contente de son stage?
 c. Comment allait-elle gagner de l'argent pour payer les réparations de sa voiture?

Exercice 1

En vous servant des images, composez des phrases.

exemple   Il s'est déshabillé avant de se coucher.

Exercice 2

exemple   Ce stylo noir est à toi?
       Non, le mien n'est pas noir.

1. Ce crayon bleu est à toi?
2. Ces livres rouges sont à toi?
3. Ces chaussettes blanches sont à toi?
4. Ces souliers bruns sont à elle?
5. Cette cravate verte est à lui?
6. Ce chien noir est à eux?
7. Ces cahiers jaunes sont à eux?
8. Ce ballon bleu est à vous, mes amis?
9. Ce vélo vert est à elle?
10. Cette voiture rouge est à vous, mes amis?

Exercice 3

Répondez toujours par le contraire.

exemple Tu t'es couché avant de te déshabiller?
Non, je me suis couché après m'être déshabillé.

1. Il a téléphoné avant d'interviewer la vedette?
2. Ils ont regardé la télévision avant de finir leurs devoirs?
3. Elle a mis son manteau avant de quitter le théâtre?
4. Tu as perdu tes gants avant de sortir?
5. Vous avez rencontré Pierre avant d'arriver à Paris, mes amis?
6. Ils ont dîné avant d'aller au cinéma?
7. Elles avaient froid avant de se baigner?
8. Tu as pris le petit déjeuner avant de te lever?
9. Tu as écouté l'émission avant de te coucher?
10. Vous avez pris du café avant de vous lever, mes amis?

Exercice 4

Quels trajets ont-ils faits en taxi?

exemple Yves est allé du Louvre aux Jardins du Luxembourg.

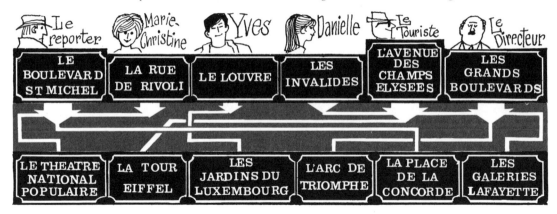

Composition

Voici une lettre que Danielle a reçue de sa mère huit jours après son arrivée à Paris. Imaginez la réponse que Danielle a écrite.

Calais, le 30 septembre

Chère Danielle,

J'espère que tu es bien arrivée chez ta tante et que toute la famille va bien. Dis-leur bonjour de ma part, s'il te plaît.

Excuse-moi de ne pas avoir écrit plus tôt - c'est que ton père a été malade. Il a dû passer quelques jours au lit avec une angine. J'ai donc été très occupée, mais maintenant il va beaucoup mieux.

Comment vont tes cours? Est-ce que tu as beaucoup de travail? T'es-tu fait des amies? Est-ce que tu déjeunes aux studios? Et ta voiture? Elle marche toujours? Quelles sont tes impressions de Paris? J'espère que tu te débrouilles bien.

Je te pose beaucoup de questions, n'est-ce pas? - mais j'attends tes nouvelles avec impatience.

Bon baisers, *Maman*

Modèles

A.

après	avoir	mangé	un bon dîner	il est parti
		fini		elles se sont couchées
		pris		j'ai quitté la maison
	être	monté	dans l'autobus	il s'est assis
		descendue	du train	elle a perdu ses gants
		arrivé(e)s	à Paris	nous avons pris un taxi
	s'être	couchée	elle s'est endormie	
	m'être	levé(e)	j'ai pris un café	
	nous être	assis(es)	nous avons bien mangé	

B.

avant de	partir	il a dit «Au revoir»
	s'asseoir	elles se sont lavé les mains
	me coucher	je mets toujours la voiture au garage
	faire une promenade	elle mettait toujours son manteau
avant d'	écouter la radio	je vais finir mes devoirs

C.

nous avons dîné	avant d'	aller au théâtre
fermez la fenêtre		
ils vont venir me voir	avant de	quitter l'école
je vous téléphonerai		partir

D. REVISION

nous allons	du	marché	au	cinéma
		camping		supermarché
je suis allé	de la	banque	à la	bibliothèque
		gare		station de Métro
ils iront	de l'	église	à l'	appartement
		hôtel		épicerie
on a pris un taxi	des	bureaux	aux	Jardins du Luxembourg
		Invalides		Tuileries

Composition

Voici les notes que Danielle à faites pour son article sur les difficultés des transports publics à Paris. Ecrivez l'article.

Pour faire le portrait d'un oiseau

Peindre d'abord une cage
avec une porte ouverte
peindre ensuite
quelque chose de joli
quelque chose de simple
quelque chose de beau
quelque chose d'utile
pour l'oiseau
placer ensuite la toile contre un arbre
dans un jardin
dans un bois
ou dans une forêt
se cacher derrière l'arbre
sans rien dire
sans bouger...
Parfois l'oiseau arrive vite
mais il peut aussi bien mettre de longues années
avant de se décider
Ne pas se décourager
attendre
attendre s'il le faut pendant des années
la vitesse ou la lenteur de l'arrivée
de l'oiseau n'ayant aucun rapport
avec la réussite du tableau
Quand l'oiseau arrive
s'il arrive
observer le plus profond silence
attendre que l'oiseau entre dans la cage
et quand il est entré
fermer doucement la porte avec le pinceau
puis
effacer un à un tous les barreaux
en ayant soin de ne toucher aucune des plumes de l'oiseau
Faire ensuite le portrait de l'arbre
en choisissant la plus belle de ses branches
pour l'oiseau
peindre aussi le vert feuillage et la fraîcheur du vent
la poussière du soleil
et le bruit des bêtes de l'herbe dans la chaleur de l'été
et puis attendre que l'oiseau se décide à chanter
Si l'oiseau ne chante pas
c'est mauvais signe
signe que le tableau est mauvais
mais s'il chante c'est bon signe
signe que vous pouvez signer
alors vous arrachez tout doucement
une des plumes de l'oiseau
et vous écrivez votre nom dans un coin du tableau.

ques Prévert (né en 1900)
oles Editions Gallimard

Le Métro

Le Métro de Paris a quatorze lignes et plus de trois cent cinquante stations. A peu près quatre millions de voyageurs s'en servent chaque jour.

Avant de prendre le Métro il faut acheter un billet. Un billet de Métro vous permet d'aller où vous voulez – il n'y a qu'un seul prix. Si vous comptez vous servir souvent du Métro il vaut mieux acheter un carnet de dix billets. Cela coûte beaucoup moins cher. Il y a deux classes dans le Métro; les voitures de première classe sont rouges, celles de seconde sont vertes.

Avant de passer sur le quai vous devez montrer votre billet au contrôleur qui le poinçonne (c'est à dire qu'il y fait un trou). A l'entrée du quai il y a un portillon, souvent automatique, qui se ferme juste avant l'arrivée d'un train. Il s'ouvre après le départ du train. Il n'est pas toujours facile de trouver une place dans le Métro, surtout aux heures d'affluence. Il y a dans chaque voiture certaines places réservées aux mutilés de guerre et à d'autres gens privilégiés.

A l'entrée des stations on trouve un plan du Métro, tandis que dans les trains on trouve des schémas de chaque ligne. Ils sont très faciles à comprendre; il faut suivre les 'Directions' et chercher les 'Correspondances'.

Chaque ligne a son numéro, mais il faut savoir le nom de la première et de la dernière station de la ligne. Donc, si vous voulez aller de Châtelet à Etoile vous suivez les pancartes 'Direction – Pont de Neuilly'. Si, au contraire, vous allez d'Etoile à Châtelet, vous cherchez la pancarte 'Direction – Château de Vincennes'.

Pour changer de ligne on cherche les stations de 'Correspondance'; sur le plan elles sont marquées par un double cercle. Pour aller de Châtelet à Invalides, par exemple, on prend la 'Direction – Pont de Neuilly' jusqu'à Concorde. A Concorde on change de ligne et on prend la 'Direction – Balard' jusqu'à Invalides.

Un distributeur automatique

Conversations
Au guichet, avant de prendre le Métro

A.
JEUNE HOMME	Un billet, s'il vous plaît, madame.
EMPLOYEE	De seconde?
JEUNE HOMME	Oui, c'est combien?
EMPLOYEE	C'est un franc.
JEUNE HOMME	Voilà un franc. Merci, madame.

B.
JEUNE FILLE	Un carnet de seconde, s'il vous plaît.
EMPLOYEE	Six francs, mademoiselle.
JEUNE FILLE	Merci, madame. Voilà dix francs.
EMPLOYEE	Et voilà quatre qui font dix.

Les autobus

Pour voyager en autobus, comme dans le Métro, il est moins cher d'acheter un carnet de tickets. Maintenant on trouve des tickets de Métro et d'autobus qui sont les mêmes. On a besoin d'un nouveau ticket quand on change de ligne d'autobus, comme on a besoin d'un autre ticket, après être sorti du Métro, si on veut y rentrer. Donc si vous devez changer de ligne, il est moins cher d'aller par le Métro – si vous n'allez pas loin, ou quand il fait chaud, vous ferez mieux de prendre l'autobus. Quand vous voulez descendre de l'autobus vous appuyez sur un bouton – l'autobus s'arrêtera au prochain arrêt.

Il y a des autobus de toutes sortes à Paris – de vieux modèles (*ci-dessous*) et d'autres plus modernes (*à gauche*) mais il n'y a presque pas d'autobus à impériale.

  ## Conversation

Dans l'autobus

JEUNE HOMME   Un carnet, s'il vous plaît. C'est combien?
RECEVEUR   Six francs, monsieur.
JEUNE HOMME   Je voudrais aller à la Place de la Madeleine.
Où est-ce qu'il faut changer d'autobus?
RECEVEUR   A Concorde. Il faut prendre le 94.
JEUNE HOMME   Merci, monsieur.

Un arrêt d'autobus

Trois trajets dans Paris

Regardez le plan du Métro (à la page 34) et des autobus (à la page 37).
1. Imaginez que vous avez été à l'Opéra. Vous rentrez à votre hôtel qui se trouve près de l'Odéon. Trouvez le meilleur itinéraire pour rentrer.
2. Maintenant, imaginez que vous venez de faire des achats au boulevard Haussmann. Vous avez dépensé beaucoup d'argent. Il faut économiser. Vous allez dîner au Quartier Latin. Trouvez l'itinéraire le plus pratique.
3. Vous attendez un ami devant la station de Métro du Louvre. Un étranger vous demande comment aller à Montmartre. Donnez-lui des directions en vous servant du plan du Métro.

A. | Mettez ——**ment** à la forme féminine de l'adjectif. (Si la forme masculine se termine par une voyelle, ajoutez ——**ment** à la forme masculine.) | |
|---|---|
| il est lent; elle est lente | ils marchent lentement |
| il est sage; elle est sage | ils travaillent sagement |
| il est doux; elle est douce | ils chantent doucement |
| il est poli; (elle est polie) | ils répondent poliment |

B. | Les adjectifs qui se terminent en ——**ent** et ——**ant** forment leurs adverbes avec la terminaison ——**emment** ou ——**amment**. | |
|---|---|
| évident | évidemment il est là |
| patient | il attend patiemment |
| constant | il parle constamment |
| brillant | il a joué brillamment |

C. | Certains adverbes ne suivent pas ces modèles. | |
|---|---|
| bon | il joue bien |
| meilleur | il travaille mieux |
| mauvais | il chante mal |
| gentil | elle agit gentiment |
| bref | il parle brièvement |
| profond | elle pense profondément |
| gai | ils chantent gaiement (gaîment) |

D. | Les adjectifs longs ont une forme adverbiale qui s'emploie très rarement. | |
|---|---|
| intéressant | elle parle d'une façon intéressante |
| difficile | il parle avec difficulté |
| compliqué | il parle d'une manière compliquée |
| charmant | elle chante d'une façon charmante |

E. | Certains adjectifs s'emploient comme adverbes sans changer de forme. | |
|---|---|
| chanter *faux* | chanter *juste* |
| parler *haut* | parler *bas* |
| sentir *bon* | sentir *mauvais* |
| aller (tout) *droit* | |
| coûter *cher* | NB *Vite* est déjà un adverbe. Pierre marche vite. |

Exercice

Répondez aux questions en employant un adverbe

exemple   Henri est sage. Comment agit-il?

Il agit sagement.

1. C'est un bon élève.   Comment fait-il ses devoirs?
2. C'est une meilleure élève.   Comment fait-elle ses devoirs?
3. Vous êtes prudent.   Comment agissez-vous?
4. Le reporter est intéressant.   Comment écrit-il?
5. L'agent est courageux.   Comment agit-il?
6. Les enfants sont polis.   Comment répondent-ils?
7. Le garçon a une voix haute.   Comment parle-t-il?
8. Marie est gentille.   Comment parle-t-elle?
9. C'est un mauvais élève.   Comment écrit-il?
10. Le professeur est furieux.   Comment crie-t-il?

Son et Lumière

*Le Château de Chenonceaux illuminé
pour un spectacle Son et Lumière*

Six mois après l'arrivée d'Yves et Danielle à Paris, M. Lagard, directeur de *La Dépêche d'Ambiers*, les a invités à passer une semaine chez lui. Le soir de l'arrivée d'Yves et Danielle M. Lagard leur a proposé d'aller prendre un verre au Café du Château. Danielle a demandé à M. Lagard ce qui se passait dans la ville.

I.

M. LAGARD	Ce qui nous occupe en ce moment, ce sont les projets pour fêter les sept cents ans du Château.
DANIELLE	Tiens, je croyais qu'il était du style Renaissance.
M. LAGARD	Il est vrai que le Château que vous voyez devant vous a été construit au XVe siècle, mais la construction du premier Château a été terminée en 1270. C'est cet anniversaire qu'on veut fêter, pour attirer des touristes.
YVES	Qu'est-ce qu'on compte faire, monsieur?
M. LAGARD	Oh, il y a un tas de projets. Le directeur du Collège voudrait organiser un spectacle historique avec la participation de tous les élèves; moi, j'en ai marre de ces défilés interminables de garçons et de filles très mal déguisés en soldat ou en paysan. D'ailleurs, il pleut toujours pendant des spectacles pareils.
DANIELLE	Un bal masqué serait peut-être plus amusant.
M. LAGARD	Bien sûr, mais ce n'est pas très original. Nous avons besoin d'une idée qui attirerait les touristes.
YVES	Mais pourquoi pas un spectacle *Son et Lumière*? Vous avez ici tout le nécessaire. Regardez – le Château comme fond, les remparts et les jardins comme décor. Cette place, où nous sommes maintenant, pourrait être la salle des spectateurs.
M. LAGARD	Attends un moment, Yves. Pour un spectacle *Son et Lumière* il n'y a pas besoin d'acteurs.
DANIELLE	C'est vrai, on entend des voix enregistrées, mais on ne voit personne.
M. LAGARD	Mais toute la population de la ville voudra prendre part à notre projet.
YVES	Ecoutez, j'ai une idée. J'ai lu un article il y a quelques jours. Les habitants d'une petite ville du Midi ont réalisé un spectacle *Son et Lumière* avec une différence importante: ils ont créé des tableaux vivants pour les scènes principales.
M. LAGARD	Excellent! On pourrait avoir des centaines d'acteurs – sans défilés!
DANIELLE	Dis donc, Yves, un tel spectacle serait bien difficile à organiser, n'est-ce pas? On aurait besoin d'une foule de spécialistes et de beaucoup de costumes très élaborés.
YVES	Ecoute; le spectacle a lieu le soir, après neuf heures.

M. LAGARD	Bien entendu, mais...
YVES	La nuit donne une impression romantique et mystérieuse, et, en se servant de projecteurs, de magnétophones et de haut-parleurs, on crée des effets vraiment magnifiques.
M. LAGARD	Il faudrait quand même beaucoup de travail pour mettre au point un tel projet. Qui écrirait le scénario, par exemple?
DANIELLE	Yves, nous avons une semaine de congé que nous allons passer ici. Ne pourrions-nous pas aller à la bibliothèque, choisir plusieurs épisodes de l'histoire du Château et écrire le scénario?
YVES	D'accord. Ecoute, Danielle, ce serait un sujet excellent pour une émission de *La Terre qui Tourne*, n'est-ce pas? On pourrait suivre tous les préparatifs.
DANIELLE	On pourrait terminer en donnant des extraits du spectacle même.

2. *A la bibliothèque municipale.*

YVES	Voilà, j'ai trouvé tous ces livres d'histoire.
DANIELLE	Tiens! Je crois que nous y trouverons assez de renseignements. Par où commencerons-nous?
YVES	C'est au treizième siècle qu'on a construit l'ancien Château.
DANIELLE	Ecoute, j'ai trouvé un passage qui raconte l'histoire de la construction.
YVES	Attends un moment, j'ai ici mon magnétophone. Nous devrions enregistrer tous les détails importants. Bon, ça y est; vas-y.
DANIELLE	«Au début du treizième siècle Ambiers était un petit village pauvre et sans importance. Mais en 1265 le roi nomma Jean Duval, un de ses capitaines, Comte d'Ambiers et lui donna le village et les terres qui l'entouraient. Le nouveau Comte arriva dans le village, trouva que ce n'était qu'un hameau de cent habitants et décida de faire construire un château digne d'un comte. Il ordonna aux paysans de passer la moitié de leur temps à construire le château. En retour de ce service il leur jura qu'il les protégerait contre les brigands.»
YVES	Excellent. Voilà la première scène de notre spectacle. Mais continue, le magnétophone marche toujours.
DANIELLE	«La construction du château dura cinq ans. Les habitants du village travaillèrent comme des esclaves pendant ce temps, parce qu'ils voulaient retourner à leurs champs. Mais le château apporta la prospérité à Ambiers et à ses habitants, qui vivaient maintenant sans peur des brigands. Le village commença à s'agrandir, des marchands arrivèrent pour ouvrir leurs

boutiques et un marché important s'organisa sur les bords du Cher sous les remparts du château.»

YVES — Voilà encore une scène vivante et mouvementée. Je commence à voir le plan du scénario. Il nous faudra des centaines d'acteurs. Les élèves du Collège voudront nous aider, sans doute.

DANIELLE — Oui, et leurs mères devront faire les costumes, sans doute.

3.

YVES — Essaie de trouver un épisode de la Guerre de Cent Ans. Nous avons besoin d'une scène de bataille.

DANIELLE — Ah, voici quelque chose d'intéressant. Le magnétophone marche?

YVES — Attends un moment, je dois changer la bande. Bien, c'est fait, vas-y.

DANIELLE — «Au début du XVe siècle les Anglais avaient occupé de nouveau le Château d'Ambiers – comme beaucoup d'autres. En 1429 les soldats français, suivant Jeanne d'Arc, attaquèrent le Château. Mais le premier Comte avait très bien construit sa forteresse et les Français ne réussirent pas à la prendre. Enfin leur capitaine trouva un moyen assez rusé. Lui et une cinquantaine de ses hommes se déguisèrent en soldats anglais. Ils attachèrent des cordes au cou de leurs camarades, qui avaient caché leurs armes dans des paniers. Puis tous les Français se dirigèrent vers le Château avec des coups de fouet, des ordres et des cris. Le capitaine, arrivé devant l'entrée, annonça qu'il était Anglais et qu'il avait fait prisonniers des marchands français qui essayaient de cacher un grand trésor, qu'ils portaient sur le dos en ce moment. Les Anglais du Château, fous de joie à la pensée du trésor, ouvrirent les portes sans se soucier du danger. Les Français entrèrent tout doucement, mais une fois entrés, ils jetèrent leurs cordes et leurs paniers, saisirent leurs armes et attaquèrent les Anglais. Ceux-ci, tout à fait bouleversés, se rendirent vite et les Français les chassèrent de la ville.»

YVES — Oh, ça c'est parfait! Cet épisode a été écrit exprès pour notre spectacle.

4.

YVES — Peut-être faudrait-il chercher un épisode plus romantique après cette scène de bataille.

DANIELLE — Ecoute, j'ai trouvé quelque chose dans ce livre qui raconte la construction du Château actuel.

YVES — Ah oui, j'avais oublié que nous parlions toujours de l'ancien Château.

DANIELLE «Après la fin de la Guerre de Cent Ans en 1453 les habitants d'Ambiers voulaient vivre de nouveau en paix sous les remparts de la grande forteresse. Mais le jeune Comte Léon avait beaucoup voyagé en Italie; il voulait surtout avoir un château du style Renaissance. Il allait se marier et décida d'offrir un nouveau palais en cadeau de noces à sa fiancée. La construction devait être terminée au commencement de juin 1497; Léon avait invité tous les nobles du pays à son mariage, qui devait avoir lieu le 1er juillet. Les ouvriers finirent leur travail à temps et partirent; à leur place le Comte remplit le Château de ses amis. Tout était prêt pour les noces. La belle Catherine, la fiancée du Comte, était installée au couvent depuis une semaine.

– La veille des noces le Comte avait organisé une chasse dans la forêt d'Ambiers, et, pour le soir, un bal, qu'il avait l'intention d'ouvrir en dansant avec sa fiancée.

– Très tôt le matin une centaine de jeunes nobles montèrent à cheval et s'élancèrent en avant au son des cors de chasse qui annonçaient qu'on avait vu le cerf. La belle Catherine suivit les chasseurs. Elle aussi aimait la chasse. Deux heures plus tard le cheval de Catherine retourna au Château, sans la demoiselle. Toute la journée on chercha partout dans la forêt, mais on ne trouva pas Catherine. Le jeune Comte refusa de croire à la possibilité d'un accident. Il dit que Catherine allait certainement venir au bal qui devait quand même avoir lieu. Mais la belle Catherine n'arriva pas. On ne la revit plus jamais. Le jeune comte Léon passa la soirée sans mot dire, à regarder par la fenêtre qui donnait sur la forêt. Le bal n'était pas du tout gai, mais personne n'osa dire ce qu'il pensait. Puis, à minuit, Léon poussa un grand cri et se lança par la fenêtre. Il tomba mort sur les dalles de la cour. Ceux qui avaient été près de lui dirent qu'il avait crié que Catherine approchait et qu'il devait aller l'accueillir. Depuis ce temps-là, on dit qu'à minuit le trente juin la belle Catherine revient de la forêt et que le beau Léon se lance à sa rencontre.»

YVES Tiens, figure-toi cette scène – le bal, les danseurs et la musique; l'ombre du jeune Comte à la fenêtre, et puis la figure blanche qui revient de la forêt. Ce sera magnifique!

Questions

1a. Où est-ce qu'Yves et Danielle sont allés après six mois de séjour à Paris?

  b. Qu'est-ce que M. Lagard a proposé à Yves et Danielle le soir de leur arrivée?

  c. Pourquoi est-ce que M. Lagard n'aime pas les spectacles historiques?

  d. Qu'est-ce qu'Yves a proposé pour fêter les sept cents ans du Château?

  e. Comment est-ce qu'Yves et Danielle vont passer leur semaine de congé?

2a. Qu'est-ce qui se passa en 1265?

  b. Qu'est-ce que le Comte Jean décida de faire?

  c. Qu'est-ce qu'il jura aux habitants du village?

  d. Combien de temps dura la construction du Château? En quelle année est-ce qu'on le termina?

  e. Qu'est-ce qui se passa après la fin de la construction du Château?

3a. Qu'est-ce qui se passa en 1429?

  b. Qui occupait le Château à ce moment-là?

  c. Est-ce que les Français réussirent à prendre le Château en l'attaquant?

  d. Où est-ce que les 'prisonniers' cachèrent leurs armes?

  e. Pourquoi est-ce que les Anglais ouvrirent les portes?

  f. Que firent les Français, une fois entrés?

  g. Pourquoi les Anglais se rendirent-ils?

4a. En quelle année est-ce que la Guerre de Cent Ans se termina?

  b. Qu'est-ce que le Comte Léon comptait offrir à sa fiancée?

  c. Quand est-ce que les ouvriers finirent leur travail?

  d. Qui arriva à la place des ouvriers?

  e. Qu'est-ce que le Comte organisa pour la veille des noces?

  f. Pourquoi est-ce que la belle Catherine suivit les chasseurs?

  g. Est-ce qu'elle rentra de la chasse?

  h. Qu'est-ce qui se passa à minuit?

Exercice 1

Voici encore un épisode de l'histoire du Château d'Ambiers. Il se passa pendant la Révolution Française. Complétez les phrases en employant le passé simple du verbe.

1. En 1789 on ...... la nouvelle de la prise de la Bastille. (*entendre*)

2. Des révolutionnaires ...... le Château d'Ambiers. (*attaquer*)

3. Les gens du Comte ...... les grandes portes du Château. (*fermer*)

4. Les révolutionnaires ...... ouvrir les portes. (*réussir à*)

5. Le Comte et sa famille ...... dans un grenier. (*se cacher*)

6. On ne les ...... pas. (*trouver*)

7. Un vieux domestique ...... les nobles à s'échapper. (*aider*)

8. Il ...... en paysan. (*se déguiser*)

9. Il ...... dans la cour avec une charrette chargée de sacs de pommes de terre. (*entrer*)

10. Les nobles ...... du Château en se cachant sous les sacs. (*sortir*)

Exercice 2

1. Combien de temps est-ce que les ouvriers travaillèrent à construire l'église St-Denis?
2. Qui donna le village d'Ambiers à Jean Duval?
3. Combien de temps les Anglais restèrent-ils en prison?
4. Qu'est-ce que la demoiselle choisit comme cadeau de noces?
5. Combien de temps les soldats cherchèrent-ils les prisonniers échappés?
6. Où est-ce qu'on trouva le cheval du Comte?
7. A quelle heure est-ce qu'on entendit le cri de Léon?
8. Combien de mois est-ce que le Comte passa en Italie?

Exercice 3

Un vol a eu lieu chez vous. L'inspecteur Dancourt interroge des témoins. Maintenant c'est à vous. Donnez vos réponses aux questions de l'inspecteur.

1. A quelle heure est-ce que le voleur est arrivé?
2. Où étiez-vous?
3. Qu'est-ce que vous faisiez?
4. Comment est-ce que le voleur est entré?
5. Qu'est-ce qu'il avait à la main?
6. Qu'est-ce qu'il a pris?
7. Qu'est-ce que vous avez fait?

Composition

Deux jours plus tard l'inspecteur a arrêté le voleur. Maintenant racontez l'histoire pour *La Dépêche d'Ambiers*. Employez le passé simple et l'imparfait.

Modèles

4

LE PASSE SIMPLE

A.

donner prêter envoyer emprunter voler arracher	Alphonse Henri M. Schwartz	donna prêta envoya emprunta vola arracha	de l'argent à	Thérèse Mme Hervé

B.

apporter cacher chercher trouver	les enfants Pierre et Julie	apportèrent cachèrent cherchèrent trouvèrent	le portefeuille le sac à main

C.

choisir	Yves	choisit	un stylo
finir		finit	l'article
remplir		remplit	la fiche
partir		partit	à midi
sortir		sortit	de l'hôtel
ouvrir		ouvrit	la lettre
entendre		entendit	le cri
vendre		vendit	son appareil
se rendre		se rendit	au café
dire		dit	au revoir

D.

les touristes	choisirent	des cartes postales
	finirent	leur repas
	sortirent	de l'église
	ouvrirent	la porte
	entendirent	la voix du garçon
	dirent	bonjour

E.

faire	Yves	fit	la vaisselle
	Monique et Bernard	firent	le ménage

Composition: L'évasion

4

Ecoutez l'histoire que le professeur va vous raconter. La carte ci-dessous vous aidera à la comprendre. Ensuite écrivez l'histoire.

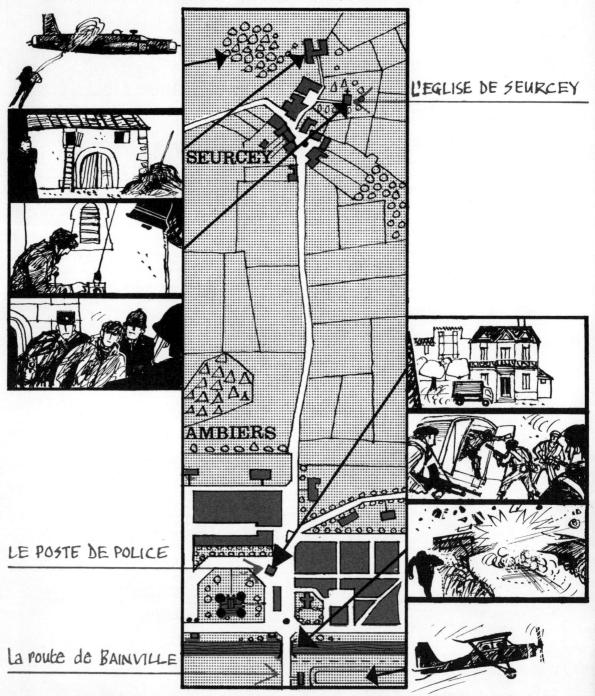

L'EGLISE DE SEURCEY

SEURCEY

AMBIERS

LE POSTE DE POLICE

La route de BAINVILLE

 Imaginez l'interview de M. Lagard avec un des membres de la Résistance qui a aidé le prisonnier anglais à s'échapper.

La Terre qui Tourne

Enfin au mois d'août tous les préparatifs sont finis et le spectacle est prêt. La ville est pleine de touristes qui sont venus voir la représentation.

Il y aura une représentation chaque soir pendant les mois d'août et de septembre.

Yves et Danielle sont revenus à Ambiers plusieurs fois depuis ce soir-là, il y a cinq mois. Maintenant l'émission de *La Terre qui Tourne* va commencer. Yves tient le micro. Il commence à parler:

«Bonsoir mesdames, bonsoir mesdemoiselles, bonsoir messieurs. Notre émission de ce soir vous arrive de la petite ville d'Ambiers au bord du Cher. C'est aujourd'hui 'jour de fête' pour les habitants d'Ambiers. Quatre cents d'entre eux travaillent depuis cinq mois pour mettre au point un grand projet communal. Ce soir aura lieu la première représentation du spectacle *Son et Lumière* que l'on prépare depuis si longtemps.

– Pendant la journée les hommes ont travaillé, comme d'habitude, au bureau, au magasin, à l'usine, au Collège. Le soir ils ont travaillé aux installations électriques et mécaniques. Leurs femmes se sont occupées pendant la journée de faire le ménage et de faire les provisions. Le soir elles ont confectionné des centaines de costumes de scène avec des vêtements anciens ressortis des greniers de la ville. Moi aussi je suis très fier d'avoir pris part à ce projet. Maintenant je vais vous présenter quelques-uns de mes amis qui ont créé ce spectacle. Puis nous vous ferons assister au spectacle, dont les tableaux vivants racontent l'histoire de ce grand château.

– Mais d'abord je vais parler avec M. Henri Marat, professeur d'histoire au Collège, qui est responsable de la mise en scène du spectacle.

YVES   Bonsoir M. Marat. Pourriez-vous nous dire combien d'acteurs entreront en scène ce soir?

M. MARAT   Il y a en tout deux cents acteurs, mais chacun joue au moins deux rôles. Ce sont pour la plupart des élèves du Collège, mais les rôles principaux sont joués par des grandes personnes.

M. Dupuis est mécanicien; le soir il s'occupe des projecteurs.

Mme Faure est ménagère; le soir elle confectionne les costumes de scène.

M. Couzot est boulanger; le soir il s'occupe des haut-parleurs.

YVES	Et maintenant je vous présente M. Michel Charron, propriétaire de l'Hôtel du Pont, qui est responsable de l'administration de la vente des billets, de la publicité et de l'accueil offert aux visiteurs. M. Charron, bonsoir. Combien de touristes attendez-vous?
M. CHARRON	Nous avons vendu cinq cents billets pour ce soir et nous espérons accueillir au moins vingt mille spectateurs pendant les deux mois que durera le festival.
YVES	C'est Mme Pauline Lagard qui a organisé la confection des cinq cents costumes qu'on verra en scène. Vingt-cinq dames l'ont aidée en consacrant toutes leurs heures libres à cette tâche. M. Alain Boileau, ingénieur aux laboratoires de l'Agence Atomique, est le chef de l'équipe qui a travaillé aux installations électriques. Ce soir il assure le fonctionnement de nombreux projecteurs, haut-parleurs et magnétophones.

Mais maintenant, mesdames, mesdemoiselles, messieurs, dix heures sonnent. Les lumières de la ville ont disparu, les cinq cents spectateurs se sont installés. Le spectacle va commencer. Nous retournons vers l'an 1265...

Quelques-uns des deux cents acteurs et actrices préparent une scène du spectacle.

L'auteur célèbre

Dans le monde du livre français les romans d'Antoine Briault ont fait sensation. Partout on les achète; on les lit et relit à tous moments; partout on les discute. Ce sont des romans policiers qui racontent des histoires de criminels tels que Jean-Claude Vidal de Graville, criminel célèbre, qui n'a jamais été attrapé par la police.

A cet égard, de Graville ressemble assez à son auteur qui, jusqu'ici, a réussi à éviter d'être interviewé par la presse. Personne ne le connaît ni ne sait où il habite. On dit que c'est un curé qui veut rester anonyme, mais ce n'est pas certain.

Un jour le téléphone a sonné dans le bureau de Jean-Pierre Collet aux studios de l'O.R.T.F. Une voix a dit: «Si vous voulez interviewer Antoine Briault, rendez-vous vite rue de Liège, au numéro 14; vous le trouverez chez lui.» Puis l'inconnu a raccroché; on n'a jamais su qui était à l'appareil.

A ce moment-là Yves est entré dans le bureau. Son patron lui a donné la tâche d'aller trouver Antoine Briault, de l'interviewer, de le persuader de se présenter à la télévision.

Au moment où Yves quittait les studios, Danielle est arrivée en taxi pour un rendez-vous qu'elle avait avec lui. Yves n'avait pas le temps de s'expliquer. Il est vite monté dans le taxi, en criant, «Reste là, Danielle. Nous devons aller rue de Liège. Je vais tout expliquer en route».

1. Qui est Antoine Briault?
2. Qu'est-ce qu'il écrit?
3. Qui a téléphoné au patron d'Yves?
4. Qu'est-ce qu'Yves devait faire?
5. Pourquoi est-ce que Danielle est arrivée aux studios?

1. *Le taxi arrive rue de Liège. Yves s'approche d'un curé qui est sur le point de sortir du numéro 14. La femme qui vient d'ouvrir la porte a l'air un peu étonné.*

YVES	Excusez-moi, M. le curé, mais puis-je vous parler?
LE CURE	Mais oui, mon fils. Vous avez une affaire pressante à discuter, sans doute. Vous voulez vous marier peut-être, avec cette jolie demoiselle? *Danielle rougit.*
YVES	Non, monsieur; il ne s'agit pas de cela.
LE CURE	N'importe, si c'est une affaire personnelle nous devrions entrer. Vous permettez, Mme Taubril?
MME TAUBRIL	Certainement, messieurs, entrez; et vous aussi, mademoiselle. *Dans le salon.*
LE CURE	Cette maison est à Mme Taubril, vous savez. Je viens de lui rendre visite.
YVES	Pardon, monsieur, mais je ne vous crois pas. Danielle, prends une photo!
LE CURE	(*fâché*) Mais pourquoi donc? Je ne veux pas être photographié, moi!
YVES	Je crois que vous êtes Antoine Briault, l'auteur célèbre. Je viens d'apprendre qu'il habite ici, et on croit depuis longtemps que c'est un curé.
LE CURE	Mais ce n'est pas moi, monsieur, je vous assure.
MME TAUBRIL	Cessez donc! Laissez M. le curé en paix. Ne le dérangez plus. Antoine Briault, c'est moi!
DANIELLE	Vous, madame?
YVES	Une femme? Mais on dit qu'Antoine Briault est un curé.
MME TAUBRIL	Oui, monsieur, une femme. Antoine Briault n'existe pas. C'est que je donne la plupart de mes droits d'auteur à l'église. Voilà pourquoi M. le curé me rend visite très souvent.

2. *Plus tard.*

YVES	Parlez-moi de votre dernier livre, madame.
MME TAUBRIL	C'est encore une aventure de Jean-Claude Vidal de Graville.
DANIELLE	Est-ce qu'il réussit à tromper la police, comme d'habitude?
MME TAUBRIL	Non, malheureusement; il finit par être mis en prison.
YVES	Pourquoi?
MME TAUBRIL	Je ne vais pas vous raconter la fin de l'histoire. Je vous dirai tout simplement qu'il est mis en prison à cause du mauvais temps!
DANIELLE	Mais comment cela?
MME TAUBRIL	Il essaie de voler des lingots d'or, mais il n'a pas de chance.
DANIELLE	Dites donc! J'aimerais faire imprimer une version abrégée du roman dans notre magazine *Jeune Paris*.
MME TAUBRIL	D'accord, mais vous devrez payer trois mille francs à l'église de M. le curé.
YVES	Et moi, j'aimerais vous interviewer à la télévision. Après tout, c'est moi qui ai découvert le vrai Antoine Briault!

JEUNE PARIS

Exploit en Afrique

par ANTOINE BRIAULT

Les préparatifs

[Texte abrégé]

Quel malheur ! Me voici, depuis deux ans, en prison au Caire. C'est la première fois dans ma longue vie de criminel que je suis en prison. Il faut que je vous explique que je suis en prison à cause du mauvais temps. Quelle déveine !

Mais je devrais me présenter. Je m'appelle Jean-Claude Vidal de Graville; c'est mon vrai nom – j'en ai au moins une douzaine d'autres, bien entendu. Je suis né à Bordeaux il y a quarante-deux ans et j'ai passé toute ma vie à soulager les gens riches de l'argent dont ils n'ont pas vraiment besoin. Mes exploits n'ont jamais été vraiment des crimes; c'étaient plutôt une sorte de service qui aidait les gens riches à aider les pauvres – comme moi. La justice de ma cause est évidente par le fait que la police ne m'a jamais troublé auparavant. Ce n'est que dans un pays étranger et à cause d'un malheur imprévu que je me trouve dans ma situation actuelle. Mais commençons par le commencement...

Il y a deux ans, par un beau jour de printemps, je me levai assez tard. Je me lavai, je m'habillai avec soin, puis je quittai mon appartement pour me rendre au restaurant qui se trouvait en face de l'immeuble où je demeurais. J'avais besoin de prendre un bon déjeuner, puisque j'allais faire un long voyage. Je m'assis à une table et commandai un bon repas. Le garçon m'apporta le premier plat. Il me dit quelques mots, mais je ne voulus pas répondre. J'avais la tête pleine des détails du projet que j'allais mettre au point...

Après un excellent déjeuner je pris un verre de cognac, puis je sortis du restaurant. Je pris un taxi pour aller à un garage dans un certain quartier du Caire. Là, je retrouvai les deux camarades qui allaient m'aider, Serge Durand, qui est maintenant en prison à Toulouse, et Gilbert Gros, en prison depuis un an à Madrid. Ce sont de braves types, mais moins intelligents que moi.

«Tout est prêt ?» demandai-je, en entrant au garage.

«Oui,» répondit Gilbert. «Voilà.» C'est un homme taciturne. Il indiqua du doigt la grande caisse en bois qui allait être mon lieu de repos pendant le voyage. Serge entra, poussant une brouette.

«Tu as les briques ?» lui demandai-je.

«Oui,» répondit-il, indiquant un tas de briques dans la brouette. «Les voici. J'ai déjà mis ton lit et tes provisions dans la caisse.»

J'examinai l'intérieur de la caisse. Il y avait là mon lit, mes provisions et, le plus important, mes outils.

«Allons-y,» dis-je, en montant dans la caisse. Serge et Gilbert me passèrent les briques, que j'entassai dans la caisse de chaque côté de mon lit...

Ce travail fini, nous passâmes le reste de l'après-midi à discuter les derniers détails de notre plan. Enfin nous nous serrâmes la main, puis je montai encore une fois dans la caisse. Gilbert et Serge me dirent adieu, me souhaitèrent un bon voyage, puis ils fermèrent la caisse. Moi, je me couchai sur mon lit.

«Tu es sûr que tu peux l'ouvrir ?» me demanda Serge. Je répondis que oui. J'avais passé bien des heures à étudier la technique pour l'ouvrir de l'intérieur...

Mes deux camarades soulevèrent la caisse. Non sans difficulté, ils la déposèrent sur une camionnette. Gilbert lut sur l'étiquette que j'étais une machine agricole à destination de Nairobi. Serge me conduisit à l'aéroport, où des porteurs me transportèrent dans un avion...

Quelle bêtise, pensez-vous, de se faire transporter comme ça, dans une caisse, au lieu de prendre sa place dans un avion confortable. Pas du tout ! Ma caisse était assez confortable et, d'ailleurs, ça coûtait moins cher!

Mais, en fait, c'était une partie essentielle de notre projet. Je ne voyageais pas dans ma caisse seulement pour économiser de l'argent! En effet, nous savions d'avance, mes camarades et moi, qu'il y aurait, dans le même avion, une caisse de lingots d'or, à destination de Madagascar. Pendant le voyage à travers l'Afrique j'aurais tout le temps de sortir de ma caisse, de prendre les lingots d'or, de les remplacer par les briques, enfin de m'enfermer à nouveau, avec les lingots, bien entendu, dans ma caisse. La caisse de briques continuerait son voyage vers Madagascar, tandis que moi, je 'descendrais' à Nairobi, où j'avais graissé la patte à un douanier qui allait laisser passer la caisse sans l'ouvrir. La caisse serait alors livrée à un de mes amis à Nairobi et nous deviendrions riches. La caisse de briques serait ouverte quelques heures plus tard à Madagascar, où l'on ne saurait comment faire pour retrouver les lingots volés...

Le coup de grâce

Mais je vais trop vite! Où en sommes-nous restés? Ah oui, je m'en souviens, j'étais installé dans l'avion, couché sur mon lit à l'intérieur de la caisse.

A onze heures précises du soir l'avion décolla. Bon! Il était à l'heure. Tout allait bien. Pendant une heure je me reposai sur mon lit, puis je commençai mon travail. Je trouvai vite mes outils, j'ouvris ma caisse, j'en sortis. J'étais tout seul. Je regardai autour de moi et je vis la caisse de lingots, tout près. Je me mis au travail – j'ouvris la caisse avec soin, je sortis les lingots d'or, un à un, puis je les remplaçai par les briques...

Quatre heures plus tard, mon travail étant fini, je refermai la caisse de briques et remontai dans la mienne, très satisfait de voir les lingots d'or entassés autour de mon lit. J'avais faim et j'étais très fatigué. Je mangeai du saucisson et du pain, je bus une bouteille de bière, puis je m'endormis.

Je dormis pendant environ cinq heures. En m'éveillant je me demandai pendant un instant où j'étais. Puis je sentis les lingots froids au pied de mon lit. Je souris. J'étais riche... Je mangeai encore du saucisson et j'attendis avec plaisir mon arrivée à Nairobi.

Ce fut à ce moment-là que les affaires commencèrent à se gâter. Nous devions arriver à Nairobi à dix heures du matin. Je regardai ma montre. Il était déjà dix heures et demie et nous n'étions pas encore arrivés. Mais il n'y avait qu'à attendre, voilà tout. En attendant je me rendormis.

Enfin l'avion atterrit, avec deux heures de retard. J'attendis. Bientôt j'entendis les voix des porteurs qui venaient, sans doute, décharger ma caisse pour me livrer chez mon ami. On ouvrit la portière.

«Il n'y a qu'une caisse pour Nairobi,» dit une voix, «celle-là, à droite. L'autre grande caisse est pleine d'or, en route pour Madagascar.»

Je souris.

«A la douane?» demanda une voix.

«Bien sûr,» répondit une autre.

Je souris encore une fois. J'étais plein de confiance.

Puis quatre hommes soulevèrent ma caisse. Ils la déposèrent sur un camion qui partit lentement, puis s'arrêta bientôt devant le poste de douane. A ce moment-là je me sentais très calme; j'allais réussir. La caisse serait bientôt livrée chez mon ami et alors mon voyage serait terminé.

J'entendis le douanier s'approcher. Il s'arrêta devant la caisse. Pendant un instant je me demandai si je lui avais donné assez d'argent. Je décidai que oui. Il n'y avait aucun doute qu'il allait me laisser passer.

Ce fut alors qu'on ouvrit la caisse! Imaginez mon chagrin! Me voilà, étendu sur mon lit, entouré de lingots d'or et on vint ouvrir la caisse! Quelle ne fut pas ma surprise! Ce n'était pas l'homme que j'avais payé! Il fut surpris, lui aussi! Ce n'était pas une machine agricole qu'il trouva, mais moi, Jean-Claude Vidal de Graville, seul et sans amis dans un pays étranger! Je fus bouleversé. Inutile de m'enfuir – il n'y avait plus rien à faire! Je ne pus m'empêcher de sourire nerveusement...

Le douanier fut très poli. Il m'expliqua qu'à cause d'une tempête à Nairobi mon avion avait fait un détour et avait atterri à Mombassa.

«Cela vous vaudra de la prison,» dit-il.

Cela, je le savais déjà, mais je le remerciai quand même de sa politesse.

Enfin, me voici en prison au Caire! Tant pis! Ça ira mieux une autre fois!

Questions A L'AUTEUR CELEBRE

1a. Pourquoi est-ce qu'Yves voulait parler au curé?
 b. Est-ce que le curé était vraiment Antoine Briault?
 c. Pourquoi est-ce qu'il rendait visite très souvent à Mme Taubril?

2a. Qu'est-ce que Danielle voulait faire?
 b. Combien est-ce que le magazine devrait payer? A qui?
 c. Qu'est-ce qu'Yves aimerait faire?

Questions B EXPLOIT EN AFRIQUE

(i) 1. Depuis quand est-ce que Jean-Claude est en prison?
 2. Est-ce qu'il a déjà été en prison?
 3. Comment a-t-il passé sa vie?
 4. Est-ce que ses deux camarades sont intelligents?
 5. Quel était leur projet?
 6. Comment est-ce que Jean-Claude allait passer par la douane à Nairobi?
 7. Où serait-il quand on ouvrirait la caisse de lingots?
 8. Pourquoi est-il maintenant en prison?

(ii) 1. Quand est-ce que Jean-Claude se leva le jour du crime?
 2. Qu'est-ce qu'il fit après s'être levé?
 3. Qu'est-ce qu'il but au restaurant?
 4. Pourquoi est-ce qu'il prit un taxi?
 5. Qu'est-ce que Jean-Claude et ses camarades mirent dans la caisse?
 6. Comment est-ce qu'ils passèrent l'après-midi?
 7. Qui ferma la caisse?
 8. Où est-ce que Serge conduisit Jean-Claude?
 9. A quelle heure est-ce que Jean-Claude ouvrit la caisse?
 10. Pendant combien de temps travailla-t-il?
 11. Qu'est-ce qu'il mangea après avoir fini son travail?
 12. Où était-il quand il s'éveilla?
 13. A quelle heure est-ce que l'avion atterrit?
 14. Pourquoi est-ce que Jean-Claude sourit?
 15. Pourquoi fut-il surpris quand on ouvrit la caisse?
 16. Est-ce que son projet réussit enfin?

Exercice 1

C'est toujours vous qui avez fait ce qu'on demande.

exemple Qui a lavé la vaisselle pour maman?
C'est moi qui ai lavé la vaisselle pour elle.

1. Qui a fait le ménage pour maman?
2. Qui a réparé la radio pour papa?
3. Qui a fait les lits pour moi?
4. Qui a trouvé les clefs pour nous?
5. Qui est arrivé à l'école avec Anne et Françoise?
6. Qui est resté à la maison avec les enfants?
7. Qui est allé au théâtre avec Philippe?
8. Qui a joué au tennis avec les garcons?

Exercice 2

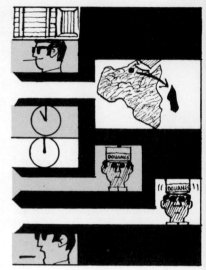

1a. Où est-ce qu'on mettait des provisions?

b. Qui entra à ce moment?

2a. L'avion, où allait-il?

b. A quelle heure est-ce qu'il décolla?

3a. A quelle heure est-ce qu'il atterrit?

b. Qui l'attendait?

4a. Qui ouvrit la caisse?

b. Qui était à l'intérieur?

Exercice 3

1. A quelle heure est-ce que Jean-Claude se réveilla le matin du crime?

2. Est-ce qu'il se leva tout de suite?

3. Où est-ce qu'il se lava?

4. Où est-ce qu'il alla à midi?

5. Qu'est-ce qu'il regarda?

6. Qu'est-ce qu'il commanda?

7. Avec qui est-ce qu'il parla?

8. A quelle heure est-ce qu'il sortit du restaurant?

Maintenant décrivez ce que fit Jean-Claude le matin du crime.

Composition

Imaginez que vous êtes Yves. Interviewez Mme Taubril sur sa vie d'auteur.
Depuis quand écrit-elle des romans?
Combien de temps est-ce qu'il lui faut pour écrire un roman?
Pourquoi n'aime-t-elle pas être reconnue?
Comment dépense-t-elle ses droits d'auteur?
De quoi s'agit-il dans son prochain livre?

Modèles

5

A.

Voici ce que *je fis* le jour du crime			
je	me	réveillai	assez tard
	me	levai	
		m'habillai	avec soin
	me	lavai	
(j')		descendis	à la rue
		allai	au restaurant
		commandai	un bon déjeuner
		pris	un taxi
	me	rendis	au garage
(j')		attendis	mes camarades
		mis	mes outils dans la caisse
		dis	au revoir à mes amis
(j')		ouvris	la caisse
	m'assis		sur mon lit
		sortis	de la caisse
	m'endormis		tout de suite
		dormis	cinq heures
		vis	les lingots d'or

B.

Voici ce que *nous fîmes* le jour du crime		
nous	arrivâmes	au garage
	entrâmes	
	commençâmes	notre travail
	cherchâmes	les briques
	mîmes	les briques dans la caisse
nous	rendîmes	à l'aéroport
	finîmes	notre travail
	sortîmes	du garage
	partîmes	pour l'aéroport
	vîmes	l'avion

C.

je fus	surpris	quand	on vint	ouvrir la caisse
il fut	bouleversé(s)		ils vinrent	
nous fûmes	étonné(s)		(je vins)	
ils furent				

je	ne	pus	pas	le croire
il		put		

D.

je m'assis	dans le café et	lus	le journal
		bus	un verre de vin
il s'assit		lut	la lettre
		but	une bouteille de bière

E. REVISION

es-tu	sur le point de	faire le ménage?	non,	je viens	de	le faire
est-il		préparer le café?		il vient		le préparer
êtes-vous	(d')	ouvrir la lettre?		nous venons		l'ouvrir
sont-ils				ils viennent		
sont-elles				elles viennent		

61

Conversation: A la banque

Isabel, l'amie espagnole de Danielle est en visite à Paris. N'ayant pas d'argent sur elles, elles se sont rendues à la banque, Isabel pour toucher un chèque de voyage et pour changer des pesetas en francs, Danielle pour toucher un chèque à son ordre...

EMPLOYE   Bonjour, mesdemoiselles. Qu'y a-t-il pour votre service?

DANIELLE   J'ai ici un chèque à mon ordre. Je voudrais le toucher tout de suite.

EMPLOYE   Certainement, mademoiselle. Vous l'avez acquitté?

DANIELLE   Bien sûr. Tu vois, Isabel, pour toucher un chèque, il faut écrire au dos 'Pour acquit', mettre la date et le signer. Voilà... Merci. Je t'attends à la caisse, Isabel.

EMPLOYE   Vous désirez, mademoiselle?

ISABEL   Je voudrais changer ces pesetas en francs et aussi toucher ce chèque de voyage. Voilà mon passeport.

EMPLOYE   Merci, je vais vérifier le taux de change de la peseta. Attendez un instant... Bon, voilà un numéro; adressez-vous à la caisse, là-bas. Vous pourrez y toucher le tout...
à la caisse

CAISSIER   Comment désirez-vous votre argent, mademoiselle?

ISABEL   Donnez-le-moi en billets de dix francs, s'il vous plaît.

S⁰ᵉ CHÈQUE N°   B.P.F.

_____

_____

PAYEZ CONTRE CE CHÈQUE_____
                      SOMME EN TOUTES LETTRES
_____

A L'ORDRE DE_____

PAYABLE A   _____, le_____19___
                                                DATE EN TOUTES LETTRES

Cᵀᴱ _____

Si vous voulez toucher un chèque ou changer de l'argent à la banque vous vous adressez d'abord à l'employé derrière le comptoir. (Il est quelquefois nécessaire de lui montrer votre passeport ou votre carte d'identité.) L'employé fait le compte et, si vous voulez être payé en espèces, il vous donne un numéro et vous vous adressez à la caisse pour y recevoir l'argent.

Composition: La leçon de conduite

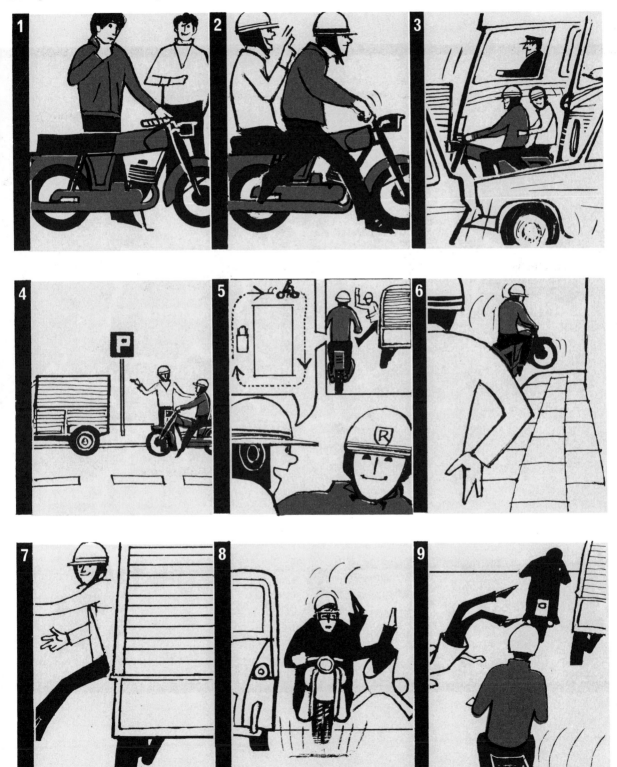

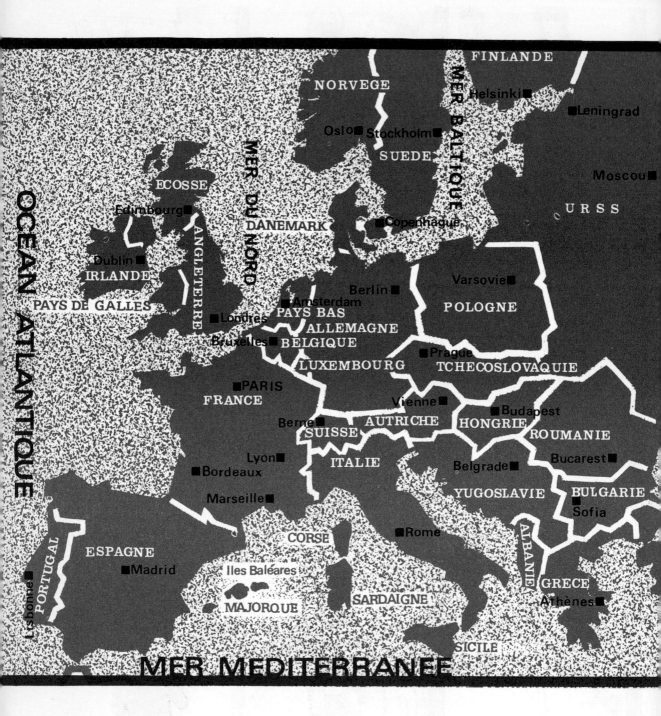

la France	est en	Europe	l'année prochaine je vais	aller	en	France
la Belgique						Belgique
la Suisse						Ecosse
l'Irlande				travailler		Espagne
l'Espagne						
l'Angleterre					au	Danemark
l'Ecosse						Pays de Galles
l'Italie						Canada
le Luxembourg						Mexique
le Danemark					aux	Etats-Unis
le Portugal					à	Edimbourg
le Pays de Galles						Londres
le Royaume-Uni						Bruxelles
le Canada		Amérique				Lisbonne
le Mexique						
les Etats-Unis	sont en					
les Pays-Bas		Europe				

je viens de rencontrer	un(e) Français(e)	qui parle	hollandais
	un(e) Belge		gallois
	un Suisse		portugais
	une Suissesse		italien
	un(e) Irlandais(e)		anglais
	un(e) Espagnol(e)		espagnol
	un(e) Anglais(e)		français
	un(e) Ecossais(e)		
	un(e) Italien(ne)		
	un(e) Portugais(e)		
	un(e) Gallois(e)		
	un(e) Canadien(ne)		
	un(e) Américain(e)		
	un(e) Hollandais(e)		

Exercices

A.
1. Où est Bruxelles?
2. Où est Copenhague?
3. Où est Washington?
4. Où est Londres?
5. Où est Berne?
6. Où est Montréal?
7. Où est Rome?
8. Où est Madrid?
9. Où est Amsterdam?
10. Où est Lisbonne?

B. Quelle est la capitale? Répondez avec des phrases complètes.
1. Quelle est la capitale de l'Ecosse?
2. Quelle est la capitale du Portugal?
3. Quelle est la capitale des Etats-Unis?
4. Quelle est la capitale de la Belgique?
5. Quelle est la capitale du Canada?
6. Quelle est la capitale de la Suisse?
7. Quelle est la capitale de l'Irlande?
8. Quelle est la capitale du Danemark?
9. Quelle est la capitale des Pays-Bas?
10. Quelle est la capitale du Royaume-Uni?

La vie en prison

Meursault, le personnage principal du roman, a été mis en prison après avoir tué un Arabe sur la plage d'Alger. Il se met à attendre patiemment le procès, à la suite duquel il sera condamné à la guillotine. Il contemple ses jours en prison et son exécution imminente avec une indifférence et un sang-froid extraordinaires.

Quand je suis entré en prison, on m'a pris ma ceinture, mes cordons de souliers, ma cravate et tout ce que je portais dans mes poches, mes cigarettes en particulier. Une fois en cellule, j'ai demandé qu'on me les rende. Mais on m'a dit que c'était défendu. Les premiers jours ont été très durs. C'est peut-être cela qui m'a le plus abattu. Je suçais des morceaux de bois que j'arrachais de la planche de mon lit. Je promenais toute la journée une nausée perpetuelle. Je ne comprenais pas pourquoi on me privait de cela qui ne faisait de mal à personne. Plus tard, j'ai compris que cela faisait partie aussi de la punition. Mais à ce moment-là, je m'étais habitué à ne plus fumer et cette punition n'en était plus une pour moi.

A part ces ennuis, je n'étais pas trop malheureux. Toute la question, encore une fois, était de tuer le temps. J'ai fini par ne plus m'ennuyer du tout à partir de l'instant où j'ai appris à me souvenir. Je me mettais quelquefois à penser à ma chambre, et, en imagination, je partais d'un coin pour y revenir en dénombrant mentalement tout ce qui se trouvait sur mon chemin. Au début, c'était vite fait. Mais chaque fois que je recommençais, c'était un peu plus long...

En même temps, j'essayais de ne pas perdre le fil de mon inventaire, de faire une énumeration complète. Si bien qu'au bout de quelques semaines, je pouvais passer des heures, rien qu'à dénombrer ce qui se trouvait dans ma chambre. Ainsi, plus je réfléchissais et plus de choses méconnues et oubliées je sortais de ma mémoire. J'ai compris alors qu'un homme qui n'aurait vécu qu'un seul jour pourrait sans peine vivre cent ans dans une prison. Il aurait assez de souvenirs pour ne pas s'ennuyer. Dans un sens, c'était un avantage.

Il y avait aussi le sommeil. Au début, je dormais mal la nuit et pas du tout le jour. Peu à peu, mes nuits ont été meilleures et j'ai pu dormir aussi le jour. Je peux dire que, dans les derniers mois, je dormais de seize à dix-huit heures par jour. Il me restait alors six heures à tuer avec les repas, les besoins naturels, mes souvenirs et l'histoire du Tchécoslovaque.

Albert Camus (1913–1960) *L'Etranger* Editions Gallimard

Composition

Imaginez une interview entre Yves et Jean-Claude Vidal de Graville, dans laquelle celui-ci décrit comment il passe son temps en prison.

A la mode

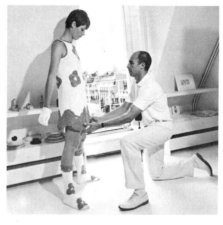

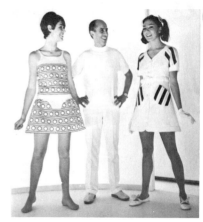

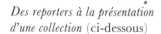

Courrèges avec ses mannequins (à droite)

Des reporters à la présentation d'une collection (ci-dessous)

Les parents d'Yves habitent près de Nancy. Il va les voir de temps à autre, bien entendu, mais ils ne sont jamais venus le voir à Paris, parce que M. Mornet père n'aime pas du tout le va-et-vient de la grande ville. Il préfère rester chez lui à la campagne.

Il y a quelques jours Yves a reçu une lettre de sa mère. Une amie, qu'elle ne voyait plus depuis des années, l'avait invitée à venir passer une semaine chez elle près du Bois de Boulogne. Mme Mornet avait décidé d'accepter cette invitation, son mari se croyant capable de faire lui-même sa cuisine. Elle comptait arriver chez Mme Tourelle, son amie, dans quelques jours et elle espérait voir Yves au cours de sa visite à Paris.

Yves a répondu tout de suite à la lettre de sa mère. Il a promis d'organiser des visites pour elle. Sachant qu'elle s'intéressait beaucoup à la haute couture, il avait donc demandé à Danielle d'emmener Mme Mornet à la présentation d'une des collections dont elle devait faire le reportage pour le magazine *Jeune Paris*, car c'était la saison des collections de printemps.

Mercredi matin à neuf heures Danielle est arrivée en voiture chez Mme Tourelle. Mme Mornet était prête à partir; elle attendait Danielle à la porte de l'immeuble. Elles se sont installées dans la 2CV et ont pris la route de Saint-Cloud, à la grande surprise de Mme Mornet...

1. Est-ce que M. Mornet aime aller à Paris?
2. Où se trouve l'appartement de Mme Tourelle?
3. Pourquoi Yves a-t-il demandé à Danielle d'emmener sa mère à la collection?
4. Pourquoi Danielle va-t-elle à la collection?
5. Pourquoi Mme Mornet est-elle surprise?

1. *Dans la voiture de Danielle.*

MME MORNET   Mais Danielle, pourquoi est-ce qu'on se dirige vers la banlieue? Je croyais aller chez Léon Lebeau; son salon se trouve rue St-Honoré, n'est-ce pas?
Oui vous avez raison, madame. Mais il va présenter sa nouvelle collection dans un château qu'il a emprunté à une cliente. Cela fera sensation. D'ailleurs, c'est plus sûr, à son avis.

MME MORNET   Plus sûr? Qu'est-ce que cela veut dire?

DANIELLE   Vous savez que les grands couturiers essayent de garder le secret de leur nouvelle ligne jusqu'au moment de la présentation, ce qui leur permet de faire sensation.

MME MORNET	Bien sûr, mais je n'ai jamais compris exactement pourquoi il est nécessaire d'agir d'une façon tellement mystérieuse.
DANIELLE	Mais c'est très important. Si, par exemple, une compagnie américaine apprend quel est le nouveau style Lebeau, elle pourra fabriquer des milliers de copies très bon marché. Les femmes riches et élégantes qui doivent être en tête de la mode n'achètent pas de robes qu'on peut voir sur toutes les dactylos et jeunes ménagères. Voilà pourquoi les couturiers défendent aux reporters de prendre des photos ou de faire des croquis de leurs modèles. Ils essayent aussi d'empêcher les journaux de donner des détails exacts trop tôt après la présentation de la collection. Ils veulent naturellement gagner du temps pour vendre les modèles et les droits de faire des copies.
MME MORNET	Mais vous êtes photographe, Danielle.
DANIELLE	Oui, c'est vrai, mais je n'ai pas le droit de prendre des photos aujourd'hui. Je pourrai seulement donner mes impressions écrites, avec quelques photos et croquis que le couturier offrira à tous les reporters.

2. *Une demi-heure plus tard.*

DANIELLE	Ah, nous voici au Château de Sainte-Jeanne. Mais il y a des dizaines de reporters ici et ce ne sont pas tous des spécialistes de la mode!
MME MORNET	Tiens, voilà Yves!
DANIELLE	Yves, Yves... Qu'est-ce que tu fais ici? Tu comptais aller aux studios ce matin, n'est-ce pas?
YVES	Oui, mais il y a une nouvelle sensationnelle. Jean-Pierre m'a téléphoné pour me dire de venir ici. Regarde ce journal américain.
DANIELLE	Mais ce sont des photos de la collection Dionne qu'on a vue avant-hier!
YVES	Oui, et voici des photos des derniers modèles de Caron, qu'il a présentés hier.
MME MORNET	On croit attraper l'espion ici?
YVES	On espère le faire, du moins. Tu sais, maman, la collection Lebeau est la plus importante de la saison. L'espion va certainement essayer de répéter son exploit.
MME MORNET	Tiens, je ne pensais pas assister à une scène si passionnante!
DANIELLE	Nous devrions prendre nos places, Mme Mornet. La présentation va commencer tout de suite.

3. *Dans la grande salle du Château.*

LEON LEBEAU	Bonjour mesdames, bonjour mesdemoiselles, et vous aussi, messieurs. C'est avec un vif plaisir que je vous présente ma nouvelle collection de modèles pour le printemps.
L'INSPECTEUR PLON	Pardonnez-moi, monsieur. Je dois vous prier de me permettre de dire quelques mots à l'auditoire avant le commencement de la présentation.
LEON LEBEAU	Mais oui, monsieur l'inspecteur. Allez-y, je vous en prie.
L'INSPECTEUR	Messieurs-dames, je vous demande pardon de vous déranger, mais il faut que je vous prie tous de bien vouloir aider la police à attraper l'espion qui a déjà réussi à voler les idées de deux de nos couturiers distingués.
	J'ai ordonné à mes hommes d'entourer la salle et de ne laisser passer personne sans carte d'entrée.

Si vous remarquez quelqu'un en train de prendre des photos ou de faire des croquis je vous prie de rapporter le fait à un de mes hommes. Bon, monsieur Lebeau, vous pouvez continuer.

4. *Deux heures plus tard.*

LEON LEBEAU	Et enfin je vous offre le chef-d'œuvre de la collection, la robe de mariée. Je l'ai appelée 'Neige de Joie'. (*applaudissements*)
MME MORNET	Oh, c'était merveilleux. Je vous remercie mille fois de m'avoir permis de vous accompagner, Danielle.
DANIELLE	Et après tout, on n'a pas attrapé l'espion. Peut-être n'a-t-il pas osé prendre de photos. Il y a tant d'agents qui le cherchent ici.
L'INSPECTEUR	Un moment, mademoiselle, s'il vous plaît. Vous êtes photographe, à ce qu'on m'a dit.
DANIELLE	Oui, monsieur l'inspecteur, mais...
UN REPORTER	Elle porte toujours un petit appareil de poche, je l'ai vu.
DANIELLE	C'est vrai, mais aujourd'hui il n'y a pas de film dans l'appareil; j'ai oublié d'en acheter. D'ailleurs, je n'avais pas l'intention de faire de la photographie ici.
LE REPORTER	Elle a passé le film à un ami, sans doute.
DANIELLE	Mais c'est ridicule!
L'INSPECTEUR	Quand même, je vous prie de m'accompagner, mademoiselle.
MME MORNET	Ne vous inquiétez pas trop, Danielle. Je vais chercher Yves. Il vous aidera.

5. *Une heure plus tard. Yves, Danielle et Mme Mornet viennent de quitter le poste de police.*

DANIELLE	Oh Yves, j'ai besoin de m'asseoir. J'avais vraiment peur d'aller en prison. Les agents n'ont pas voulu me croire. Comment est-ce que tu as découvert le vrai espion?
YVES	Pendant toute la présentation j'ai fixé un seul endroit. J'avais remarqué que les photos dans le journal américain étaient toutes prises du côté droit de la salle et d'un endroit assez près du podium. J'ai supposé que l'espion allait choisir le même endroit pour la troisième fois. Enfin, j'ai vu une jeune femme élégante qui avait beaucoup de mal à allumer ses cigarettes. Elle sortait son briquet chaque fois qu'un mannequin passait devant elle. Eh bien, à la fin de la présentation elle est sortie et je l'ai suivie. Voilà pourquoi je n'ai pas vu que l'inspecteur était en train de t'interroger. A l'entrée du Château un jeune homme a demandé à la femme de lui allumer sa cigarette, ce qui m'a semblé un peu étrange. Elle lui a prêté le briquet, mais il ne le lui a pas rendu. J'ai décidé d'agir vite. J'ai donc arraché le briquet au jeune homme et je me suis rendu compte tout de suite que c'était un appareil photo. J'ai appelé un agent; les deux espions ont essayé de s'enfuir, mais les policiers ont réussi à les attraper.
DANIELLE	Quelle aventure!
YVES	Oui, mais ça fera aussi un bon reportage. A propos, Danielle, je te conseille de ne plus apporter ton appareil aux collections.
DANIELLE	D'accord.
MME MORNET	Je vous propose à tous les deux de venir déjeuner avec moi.

Questions

1a. Pourquoi est-ce que la présentation va avoir lieu dans un château?
 b. Est-ce qu'on a le droit de prendre des photos des collections?
 c. Pourquoi les femmes riches ne veulent-elles pas acheter des robes qu'on a copiées?
2a. Pourquoi est-ce que Danielle est surprise de voir Yves au château?
 b. Qu'est-ce qu'Yves montre à Danielle?
 c. Qu'est-ce que tous les reporters espèrent faire?
3a. Qu'est-ce que l'inspecteur veut faire?
 b. Qu'est-ce que l'espion a déjà fait?
 c. Qu'est-ce qu'on doit faire si on voit l'espion?
4a. Pourquoi est-ce que Danielle pense que l'espion n'a pas osé prendre des photos?
 b. Pourquoi l'inspecteur veut-il parler à Danielle?
 c. Est-ce qu'il y a un film dans l'appareil? Pourquoi pas?
 d. Qu'est-ce que Danielle doit faire?
5a. Pourquoi Danielle avait-elle peur d'aller en prison?
 b. Pourquoi est-ce qu'Yves a remarqué la jeune femme?
 c. Qu'est-ce qui s'est passé à l'entrée du château?

Exercice 1

Yves a écrit un reportage sur l'arrestation des espions pour un journal parisien. Voici ses notes (*à gauche*). Faites vous-même le reportage.

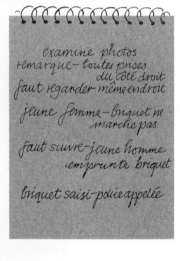

examine photos
remarque – toutes prises
            du côté droit
faut regarder – même endroit

jeune femme – briquet ne
            marche pas

faut suivre – jeune homme
      emprunte briquet

briquet saisi – police appelée

Exercice 2

1. Qu'est-ce que Danielle a promis de faire?

2. Qu'est-ce qu'Yves a proposé de faire?

3. Qu'est-ce que Mme Mornet a conseillé à Yves de faire?

4. Qu'est-ce que l'inspecteur a défendu à Danielle de faire?

5. Qu'est-ce que Jean-Pierre a dit à Yves de faire?

6. Qu'est-ce que Mme Tourelle a demandé à Mme Mornet de faire?

7. Qu'est-ce que Léon Lebeau a permis au reporter de faire?

8. Qu'est-ce que la tante Jeanne a demandé à l'oncle Bernard de faire?

Exercice 3

exemple   «Veux-tu me prêter la voiture?» lui demanda son fils.
    Son fils lui demanda de lui prêter la voiture.

1. «Je te prête la voiture demain,» lui promit son père.
2. «Allons dîner au restaurant,» leur proposa Mme Mornet.
3. «Prenez toujours soin,» lui conseilla le docteur.
4. «Restez sur le trottoir,» leur ordonna l'agent.
5. «Veux-tu m'offrir des chocolats?» lui demanda Brigitte.
6. «Venez à midi,» lui dit le patron.

Exercice 4

Remplacez les mots en italique par des pronoms.

1. J'ai défendu *aux garçons* d'entrer dans le jardin.
2. Nous ne permettons pas *aux reporters* de faire des dessins.
3. L'inspecteur a prié *le couturier* de le laisser passer.
4. Le photographe a promis *à la jeune fille* de prendre sa photo.
5. Je vais empêcher *les enfants* de voler les pommes.
6. Nous devons dire *au docteur* de se dépêcher.
7. La concierge a prié *son mari* de réparer l'ascenseur.
8. Les touristes ont persuadé *le concierge* de leur permettre d'entrer.

Exercice 5

Vous avez trouvé des morceaux d'une page de journal où toutes les phrases sont inachevées. Imaginez la fin des phrases – employez le passé simple.

exemple   Il venait de s'asseoir quand...
    ...on frappa à la porte.

1. Il traversait la rue quand
2. Ils étaient assis devant le feu quand
3. Après avoir fini leur dîner, elles
4. Après s'être levée, elle
5. Avant de quitter son bureau, il
6. Avant de téléphoner à la police, elle
7. Il venait de se coucher, quand
8. Elles venaient de sortir, quand
9. Elle était sur le point de crier, quand
10. Ils étaient sur le point de s'enfuir, quand

Modèles

A.

je	veux	aller en ville	mais je	dois	faire mes devoirs
	sais	nager assez bien		ne peux pas	nager aujourd'hui
j'	adore	aller à la pêche		déteste	jouer aux cartes
	aime	aller au cinéma		préfère	aller au théâtre
je	vais	me baigner à la piscine		n'ose pas	me baigner dans la mer

B.

nous	espérons comptons pensons allons	visiter le Musée du Louvre passer quelques jours à la mer nous promener à la campagne

C.

il	a	réussi hésité commencé appris	à	attraper les voleurs acheter cette voiture écrire un roman jouer de la guitare
	m'a	invité aidé		passer une semaine chez lui trouver mes amis
	s'est	mis décidé occupé		construire un bateau dessiner un portrait faire de la photographie

D.

j'ai	essayé oublié refusé fini continué	de	faire tous mes devoirs
je me suis	dépêché arrêté	d'	aider les garçons

E.

l'inspecteur	demanda dit défendit conseilla ordonna permit promit	à aux	Yves reporters	de	partir rentrer

F.

le concierge a	prié empêché persuadé	les agents le facteur	d' de	entrer sortir

72

Compositions

A. Mme Mornet a passé une semaine très agréable à Paris. Avant son arrivée elle avait écrit son emploi du temps dans son carnet. Voici ce qu'elle a fait vendredi.

VENDREDI

10h lèche-vitrines – grands magasins
12h bouquinistes – chercher un tableau
13h déjeuner vite – self-service
14h Musée du Jeu de Paume – peintures impressionnistes
16h thé – Tuileries
17h Chez le coiffeur
19h dîner
20.30h théâtre
23h boîte de nuit avec Yves et Danielle

Elle a écrit une lettre à son mari samedi matin. Qu'est-ce qu'elle lui a dit au sujet de sa journée?

B. Yves et Danielle sont allés à Montmartre interviewer le peintre, Raoul Fontelli, dont les œuvres ont un succès fou. Le peintre s'occupe surtout des paysages du Midi; il ne s'intéresse pas aux portraits. Il passe la plupart de son temps dans une ferme perdue dans les Alpes Maritimes, mais il est rentré à Paris pour une exposition de ses tableaux; on les achète à des prix très élevés – jusqu'à cinquante mille francs.

i. Voici un des tableaux dont Danielle a fait une photo. Décrivez-le.

ii. Imaginez la conversation entre Yves et Raoul Fontelli.

La Mode et les Modes

Paris, on le sait, est le centre du monde de la Haute Couture, c'est-à-dire de la confection des robes, des tailleurs, des manteaux, des chapeaux et des chaussures les plus élégants – et les plus chers.

Deux fois par an les grands couturiers de Paris présentent aux journalistes, aux acheteurs des grands magasins et aux dames riches et élégantes, venus des quatre coins du monde, leurs dernières créations. Les modèles, peut-être cent cinquante ou deux cents, sont présentés par une équipe de mannequins (qui s'appelle la 'Cabine') – une demi-douzaine de jeunes filles grandes et gracieuses.

Mais aujourd'hui les couturiers de Paris sont en concurrence avec ceux de Rome et de Londres. Les dessinateurs anglais et italiens ont produit des vêtements meilleur marché, plus jeunes, plus 'dans le vent'. Les jeunes filles préfèrent acheter des robes qu'on porte et qu'on jette. Voilà pourquoi les grands couturiers ont ouvert des boutiques, où ils vendent des vêtements prêts-à-porter à des prix plus abordables. Quelques-uns ont même commencé aussi à dessiner des vêtements pour hommes.

Bien entendu, on achète dans la boutique tous les accessoires: les sacs à main, les chaussures, les chapeaux, les parfums et les autres produits de beauté.

Conversation

Danielle doit écrire un article pour Jeune Paris *au sujet de la mode pour jeunes filles et jeunes gens. Elle est allée voir Rodrigue Gallois, qui est le roi des jeunes couturiers 'dans le vent'. Voici leur conversation:*

DANIELLE   Vous êtes toujours en train de préparer votre collection, ou est-ce que tous les modèles sont prêts?

GALLOIS   Mais non, les ouvriers continuent à travailler jusqu'au dernier moment. Il y a toujours quelque chose à faire.

DANIELLE   Combien de modèles comptez-vous présenter?

GALLOIS   A peu près cent, ce qui est assez peu.

DANIELLE   Tous les modèles sont des robes?

GALLOIS   Non; il n'y a que vingt robes. Il y a aussi des ensembles pantalon, des tenues de plage, des tailleurs et, pour la première fois, des vêtements pour hommes.

DANIELLE   Ce sont des costumes habillés?

GALLOIS   Il est un peu difficile de les décrire, parce que j'ai voulu créer un ensemble neuf que le jeune homme pourra porter au bureau ou au lycée, mais qui sera assez gai pour porter au dancing ou même à Saint-Tropez.

DANIELLE   J'ai entendu dire que vous allez vendre tous ces vêtements dans votre boutique, et qu'ils seront tous prêts-à-porter.

GALLOIS   Oui, c'est vrai. J'ai décidé de ne plus faire des vêtements sur mesure, mais de dessiner des modèles prêts-à-porter, que je fabrique dans ma nouvelle usine et que je pourrai vendre très bon marché dans mes quatre boutiques.

DANIELLE   Vous espérez ouvrir encore des boutiques?

GALLOIS   J'ai l'intention d'ouvrir une boutique dans chacune des grandes villes, et, pour attirer les jeunes, nous allons leur offrir non seulement la boutique, mais aussi un club où ils pourront retrouver leurs amis. Chacune des boutiques aura son bar, son juke-box et sa salle d'expositions pour les œuvres des jeunes artistes.

	Quelle est votre taille?					
les robes, les tailleurs et les manteaux	*40 42 44 46 48 50 34 36 38 40 42 44					
les costumes, les pulls et les pardessus	46 48 50 52 54 56 36 38 40 42 44 46					

Du combien coiffez-vous?

53	54	55	56	57	58	59	60	61
$6\frac{1}{2}$	$6\frac{5}{8}$	$6\frac{3}{4}$	$6\frac{7}{8}$	7	$7\frac{1}{8}$	$7\frac{1}{4}$	$7\frac{3}{8}$	$7\frac{1}{2}$

Quelle pointure chaussez-vous?

enfants	17	18	19	20	22	23	24	25	27	28	29	30	32
	1	2	3	4	5	6	7	8	9	10	11	12	13
femmes	33	34	35	36	37	38	39	40					
	1	2	3	4	5	6	7	8					
hommes	35	36	37	38	39	40	41	42	43	44	45	46	48
	1	2	3	4	5	6	7	8	9	10	11	12	13

Quelle est votre encolure?

les chemises et les cols	36	37	·38	39	41	42	43
	14	$14\frac{1}{2}$	15	$15\frac{1}{2}$	16	$16\frac{1}{2}$	17

On mesure les bas et les chaussettes en centimètres — les pointures de gants sont pareilles en France et en Angleterre.

*Les pointures françaises sont imprimées en couleur.

Conversation

Mme Mornet veut acheter des cadeaux. Elle va dans un des grands magasins avec sa liste. A droite vous voyez les prix qu'elle a payés.

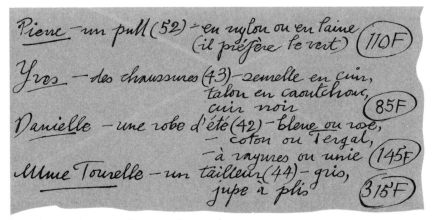

Pierre — un pull (52) — en nylon ou en laine (il préfère le vert) 110F

Yves — des chaussures (43) — semelle en cuir, talon en caoutchouc, cuir noir 85F

Danielle — une robe d'été (42) — bleue ou rose, — coton ou Tergal, — à rayures ou unie 145F

Mme Tourelle — un tailleur (44) — gris, jupe à plis 315F

Imaginez sa conversation avec les vendeuses.

Faites un sondage d'opinion parmi vos copains. Demandez-leur ce qu'ils pensent des modes d'aujourd'hui. Préfèrent-ils les vêtements des vedettes ou ceux que portent les professeurs?

Quels sont les coloris préférés?

Et les tissus – préfèrent-ils le coton, la laine, le lin, le cuir, ou le nylon? Combien d'argent est-ce qu'ils dépensent par mois pour leurs vêtements? Est-ce qu'ils choisissent leurs vêtements seuls? Qui les payent? Qu'est-ce qu'on va porter en 1990, à leur avis? Est-ce que les modes pour jeunes filles sont plus intéressantes que celles pour jeunes gens?

Pratique

j'attends	un autobus mon frère l'heure du déjeuner
l'inspecteur regarde	les espions les photos la télévision
nous écoutons	la radio des disques
Danielle cherche	Yves une robe bon marché
Yves paye	les billets le livre le pull
Mme Mornet demande	un timbre de trente centimes une tasse de café

Exercices

A. 1. Qu'est-ce que vous cherchez?

2. Qui est-ce que Danielle attend?

3. Que fait Yves?

4. Qu'est-ce que Mme Mornet a demandé?

5. Qu'est-ce qu'on va faire ce soir?

6. Qui a payé le loyer de la voiture?

B. Mettez le verbe qui convient.

1. Je vais ...... Yves. Je veux parler avec lui.
2. Nous avons ...... la radio hier soir.
3. Danielle est arrivée en retard parce qu'elle a dû ...... Yves.
4. ...... ces photos. Voyez-vous le voleur?
5. J'ai perdu le film. Il faut en ...... un autre.
6. Qui va ...... ces assiettes cassées?

JEUNE PARIS

Loisirs et Vacances

Les jeunes d'aujourd'hui ne sont plus satisfaits de partir en vacances avec leurs parents. Ils ne veulent pas retourner tous les ans au même endroit. Ils cherchent également de nouveaux passe-temps. Dans ce numéro nous offrons à nos lecteurs quelques idées pour les vacances et quelques moyens de passer leur temps libre.

Si vous partez en vacances en voiture, si vous prenez le train, si vous partez pour l'étranger en avion ou en bateau, si vous partez à pied, si vous faites de l'auto-stop, si vous partez à vélo ou même à cheval, nous vous souhaitons à tous . . . *Bonnes Vacances*!

PUBLICITE

Vous allez en vacances en auto?

Ne partez pas sans . . .

1. votre auto

2. faire entretenir le moteur

3. faire régler les freins

4. faire vérifier les niveaux d'huile et d'eau.

5. faire régler les phares

6. vos bagages

7. faire le plein d'essence

8. faire vérifier les pneus

9. nettoyer le pare-brise

10. vos compagnons de voyage

Bonne route!

LYCEENS PARISIENS

L'année dernière au mois d'octobre notre reporter, Yves Mornet, a visité le lycée Henri IV à Paris. Il a interviewé cinq élèves du lycée et leur a posé des questions sur leurs vacances et loisirs. Voici les réponses des cinq élèves, Alain Jenot (18 ans), Henri Almand (18 ans), Jean-Luc Dufay (16 ans), Christian Molard (15 ans), Jean-Marie Viprey (15 ans.)

Si vous voulez bien me dire d'abord quelques mots sur les vacances que vous venez de passer. Les avez-vous passées entièrement en villégiature, ou en avez-vous passé une partie à travailler? — à travailler, ça peut être aussi bien travailler intellectuellement que travailler pour gagner de l'argent de poche.

Jenot Pendant les premiers jours je suis resté à Paris. J'ai pris des leçons de conduite parce que je voulais passer mon permis de conduire. Après cela je suis allé aider à la moisson. J'ai des parents qui habitent à la campagne, dans la Franche-Comté. Et puis j'ai beaucoup lu – des auteurs contemporains surtout.

Molard Eh bien, moi, j'ai profité des vacances au maximum. Au mois de juillet j'ai fait mon séjour habituel en Angleterre, près d'Oxford. Le matin nous avions des cours, l'après-midi nous avions des distractions — cinéma, sport, promenades dans la nature.

Dufay Moi, je n'ai pas fait grand-chose. J'ai passé un mois pas loin de Paris, où j'ai travaillé manuellement dans une maison. Je veux dire que j'ai aidé à la bâtir. J'ai également travaillé dans les champs avec des paysans pour m'instruire et pour sentir un peu comment vivent d'autres personnes. J'ai été aussi à Chamonix, chez des parents faire de l'alpinisme. Le temps n'était pas excellent, mais on en a profité au maximum. Et j'ai été aussi en Autriche.

Almand Moi, j'ai beaucoup travaillé. Au mois de juillet j'ai fait une tournée de théâtre amateur dans la région, avec une troupe d'étudiants de la faculté. C'était très fatigant, nous avons joué presque tous les soirs pendant un mois. Nous avons joué dans les Salles des Fêtes des villages. Ensuite, au mois d'août, j'ai été moniteur dans une colonie de vacances.

Viprey Au début des vacances je suis resté à la maison. Puis je suis parti dans les Pyrénées pour quinze jours, dans un camp de montagne, et puis, au mois d'août, je suis allé dans le Roussillon avec mes parents. Ensuite, au mois de septembre, je suis resté avec des amis près de Lyon.

Autre chose qui intéressera nos lecteurs, c'est quel genre de loisirs pratiquez-vous? Par exemple, est-ce que vous pratiquez des sports en dehors du lycée? Aimez-vous la lecture?

Almand Moi, je fais du football dans une équipe amateur. J'ai deux entraînements par semaine, le mercredi et le vendredi soir — et puis le dimanche on a le match. J'aime beaucoup lire, surtout la poésie et le théâtre classique. Je lis aussi énormément les auteurs modernes français et étrangers.

Dufay De temps en temps je fais de l'alpinisme, mais ce qui m'intéresse le plus c'est la musique. Je trouve que la musique et le dessin n'ont pas une place assez grande dans l'enseignement. A part cela je n'ai pas de passe-temps. Autrefois je faisais la collection d'étiquettes de Camembert.

Molard Je ne fais pas de sport officiel. J'aime bien me promener dans la région. Et puis, mon sport principal, c'est que j'ai deux kilomètres à pied à faire pour arriver à l'école. J'aime les classiques, Molière, Corneille, Racine. J'aime également la musique: je fais la collection de disques, surtout de jazz.

Viprey Je lis un peu de tout — classiques et modernes. Quand j'étais jeune je faisais la collection des porte-clefs. Je n'aime pas la musique et je ne fais pas de sport.

Jenot Je fais un peu de cyclisme, et puis il y a toujours le club Unesco au lycée. Il y a un ciné-club — ils ont fait un voyage en Allemagne pendant les vacances de Pâques; il y a un club de photo et un club théâtral. Quant aux livres, j'aime mieux les modernes — Malraux, Giono. Je suis en train de lire Françoise Sagan. Ce sont les auteurs qui m'intéressent plutôt que les thèmes. C'est à dire que je cherche dans une bibliothèque, jusqu'à ce que je tombe sur un thème qui m'intéresse, et alors je lis plusieurs livres de cet auteur. Je fais toujours un peu de modélisme. Je fais des paysages pour les trains électriques.

Et quant à l'argent de poche? Tous les cinq ont dit qu'ils n'en avaient certainement pas en surabondance, mais qu'ils en avaient assez!

Chez Nous en France

quelques idées pour des vacances en France par Danielle Lefèvre

Où allez-vous passer vos vacances cette année? Avant de vous décider à voyager à l'étranger, considérez bien si vous connaissez déjà les attraits de toutes les régions touristiques de notre pays. Regardez la carte ci-contre; avez-vous déjà visité toutes les régions nommées? Si vous êtes comme moi, il y en aura certaines qui ne sont que des noms, dont vous avez entendu parler, soit à l'école, soit à la radio, à la télévision, au cinéma. Il faut que vous visitiez toutes ces régions avant de dire que vous connaissez vraiment la France. Savez-vous, par exemple, qu'il existe plus de cent stations thermales, situées dans les grands massifs montagneux des Alpes, des Pyrénées, du Massif Central, du Jura, des Vosges, des Cévennes? Savez-vous ce qui se passe à Lourdes chaque année? Regardez bien la carte. Que savez-vous des Vosges, du Val de Loire, de la Côte d'Argent, de la Corse? Les connaissez-vous vraiment? Il y a certaines régions dont je sais très peu; mais j'ai l'intention de les connaître mieux en les visitant pendant les vacances. Peut-être que vous aimeriez faire de même . . .

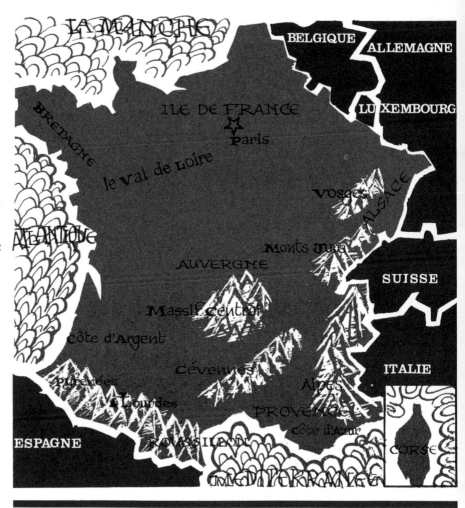

Le Poney ... un compagnon qui ne demande que de l'amour et de l'eau fraîche

Vous allez passer vos vacances à la campagne? Pourquoi pas essayer d'acheter un poney?

Ce petit animal robuste n'est pas compliqué. Tout ce qu'il lui faut pour assurer son bonheur, c'est un abri avec un bon lit de paille, une petite ration de foin, de l'avoine, de l'eau fraîche et un peu d'amour.

Le prix d'un poney est de 1000 à 3500 F, suivant la race, l'âge, et la qualité. Vous n'avez pas assez d'argent pour en acheter vous-même? Vous n'avez pas d'oncle riche? Vous pouvez quand même louer un poney. Vous passerez des vacances heureuses en sa compagnie.

Le Val de Loire
Jardin de la France

Le plus long fleuve de France, la Loire, parcourt plus de mille kilomètres entre sa source au Puy et St. Nazaire, où elle débouche dans l'Atlantique. Mais parler ainsi, c'est ne pas comprendre l'essentiel de la Loire. Car ici se trouve un véritable paradis historique pour le touriste. Les châteaux et les villes qui datent de la Renaissance attirent autant de Français que d'étrangers — ici ils peuvent découvrir un passé magnifique.

La Statue de Jeanne d'Arc à Orléans

A Orléans on remonte tout de suite au début du 15e siècle. Ici, Jeanne d'Arc, la Pucelle d'Orléans, mise à la tête d'une petite armée, obligea les Anglais à lever le siège de la ville. La statue de sainte Jeanne, montée à cheval, se dresse fièrement au centre de la ville.

Il serait impossible d'énumérer ici tous les châteaux de la Loire. On peut dire tout simplement qu'ils valent tous la peine d'une visite. Parmi eux, ceux-ci sont peut-être les plus frappants:

Le plus beau et le plus magnifique de tous les châteaux, Chenonceaux (16e siècle) forme un pont sur le Cher. Catherine de Médicis, veuve d'Henri II et régente, aimait tant Chenonceaux qu'elle obligea Diane de Poitiers (favorite d'Henri II) à le lui donner en échange de Chaumont. Les tapisseries superbes, les meubles magnifiques, et la vaste étendue du parc rendent Chenonceaux la véritable 'Reine de la Loire'.

Le Château de Chenonceaux

Enorme chef-d'œuvre du 16e siècle, le Château de Chambord est superbement meublé. Dans le passé il fut la demeure de François I et de Louis XIV. En 1944 les Allemands menacèrent de détruire le château, mais l'intervention d'un prêtre le sauva ainsi que ses trésors artistiques.

Azay-le-Rideau est un palais-château bâti dans un vaste parc et entouré de fossés. Il est maintenant, grâce à ses meubles et tapisseries, un musée des Beaux Arts.

Demeure des rois Louis XII, Henri II, Charles IX, Henri III, le Château de Blois (p. 81) est un mélange de styles architecturaux. L'escalier central est vraiment magnifique — surtout quand il est illuminé la nuit.

Le Duc de Guise et son frère, le Cardinal de Guise, y furent assassinés par Henri III en 1588. Marie de Médicis, mère de Louis XIII y commença son exil, en 1617 – elle s'évada deux ans plus tard. Pendant un raid aérien en 1940 on détruisit une partie de la ville à la dynamite, pour empêcher le château de prendre feu.

Parmi toutes ces splendeurs du passé il ne faut pas oublier les délices d'aujourd'hui. La région est célèbre pour ses vins – il est très agréable de visiter les vignobles et les caves, et de déguster le vin blanc de Vouvray, le vin rouge de Bourgueil, et le rosé d'Anjou.

Une visite au Val de Loire ne pourrait durer trop longtemps. Ce fut Rabelais qui l'appela le 'Jardin de la France'.

Le Château de Blois

POUR RIRE

Un élève de troisième parle à son ami, qui veut que celui-là l'accompagne au cinéma. – J'ai une heure de maths à préparer et une heure d'anglais. Je serai prêt dans vingt minutes.

Un garçon d'un grand restaurant parisien emmena son fils au zoo du bois de Vincennes. Ils virent un gardien lancer un grand morceau de viande dans la cage des lions.
– Papa, demanda le fils, pourquoi a-t-il jeté la viande au lieu de la servir gentiment, comme tu le fais.
– C'est sans doute, répondit le père, parce que les lions ne donnent pas de pourboire.

– Oh, les femmes au volant! dit M. Dubois à sa femme, d'un ton féroce, alors qu'une voiture leur coupa la route dans une rue animée. Plus tard ils rattrapèrent l'autre voiture et M. Dubois s'aperçut qu'un homme était au volant. Impénitent, M. Dubois observa – c'est sans doute sa mère qui lui a appris à conduire!

Parc Zoologique du Bois de Vincennes

ouvert tous les jours de 9 heures à la nuit
Prix d'entrée **1F**
Métro : Porte Dorée ou St. Mandé-Tourelle

Vous connaissez-vous bien?

Vous avez un petit moment de loisir? Voici un questionnaire qui vous occupera pendant quelques instants; il vous renseignera peut-être sur votre caractère. Répondez aux questions sans mentir, et faites une liste des A, B et C de votre choix.

1. Vous êtes seul à la maison à 11 heures du soir. Soudain vous entendez un bruit de pas dans votre jardin. Vous n'avez pas de téléphone. Que faites-vous?

   A. Vous allez dans le jardin voir qui est là.
   B. Vous regardez par la fenêtre.
   C. Vous prenez un bâton et vous vous cachez dans la maison.

2. Vous trouvez un billet de 5 francs dans la rue. Que faites-vous?

   A. Vous le mettez dans votre poche et n'y pensez plus.
   B. Vous le donnez à une œuvre charitable.
   C. Vous le donnez à la police.

3. Vos parents vous interdisent d'aller à un club de jeunes. Que faites-vous?

   A. Vous y allez quand même.
   B. Vous essayez de les persuader de changer d'avis.
   C. Vous acceptez leur avis sans leur poser de questions.

4. Vous êtes témoin d'un accident où quelqu'un est légèrement blessé. Que faites-vous?

   A. Vous essayez d'aider le blessé.
   B. Vous téléphonez à la police.
   C. Vous ne vous occupez pas des affaires des autres.

5. Vous voyez un homme en train de battre une femme dans la rue. Que faites-vous?

   A. Vous aidez la femme (ou l'homme).
   B. Vous allez chercher la police.
   C. Vous regardez en riant.

6. Vous voyez un petit garçon qui ne peut pas atteindre une sonnette. Que faites-vous?

   A. Vous l'aidez.
   B. Vous lui demandez pourquoi il veut sonner.
   C. Vous passez sans rien faire.

7. Vous voyez quelqu'un qui est assis sur un banc sur lequel il y a de la peinture fraîche. Que faites-vous?

   A. Vous le lui faites remarquer.
   B. Vous vous moquez de lui.
   C. Vous passez sans rien dire.

8. Vous entendez quelqu'un qui crie «Au secours» dans l'escalier. Que faites-vous?

   A. Vous vous précipitez sans attendre.
   B. Vous vous dites que c'est une plaisanterie.
   C. Vous restez chez vous pour ne pas être mêlé à cette affaire.

9. Vous voyez quelqu'un en panne au bord de la route. Que faites-vous?

   A. Vous vous arrêtez pour l'aider.
   B. Vous vous arrêtez au prochain garage pour signaler qu'une voiture est en panne.
   C. Vous passez votre chemin avec indifférence.

10. Vous vous trouvez dans un autobus sans argent. Que faites-vous?

    A. Vous expliquez au receveur que vous avez oublié votre porte-monnaie.
    B. Vous essayez de ne pas payer.
    C. Vous descendez sans vous faire remarquer

Vous devez compter trois points pour chaque réponse A, deux points pour B et un point pour C. Si votre total est de 27 à 30: vous êtes une personne de caractère. Vous vivez dans le présent. Vous aimez agir avec indépendance, sans réfléchir aux conséquences. Vous vous faites beaucoup d'amis. De 20 à 26 : vous savez vous débrouiller. Vous aimeriez agir avec plus d'indépendance mais vous regrettez souvent vos actions. De 10 à 19: vous êtes trop timide. Il vous sera difficile de vous faire des amis si vous ne dominez pas cette timidité.

Ce fut enfin le jour où Yves allait faire le reportage sur la journée de Jules Labadie, chauffeur de taxi. A six heures et demie du matin deux voitures sont arrivées devant l'appartement de Jules, 95 rue Blériot. Il y avait une caméra montée sur une des voitures; dans l'autre, Yves et son directeur discutaient de ce qu'ils allaient faire pendant la journée. Ils attendaient Jules, qui était allé chercher son taxi, qu'il garait tout près de chez lui.

Des fenêtres de leur appartement les voisins de Jules regardaient avec curiosité ce qui se passait dans la rue. Dans sa loge, une concierge risquait un coup d'œil par la fenêtre, sans vouloir donner l'impression de prendre un intérêt trop vif.

A sept heures moins le quart Jules est revenu au volant de son taxi. La veille au soir on y avait installé un magnétophone et un micro pour enregistrer les observations de Jules pendant qu'il roulait. Yves avait dit à Jules qu'ils allaient le suivre pendant toute la journée pour filmer ses trajets à travers Paris. A la fin de la journée Yves allait interviewer Jules devant la caméra pour obtenir les dernières impressions de sa journée de travail. Enfin on a vérifié la caméra, le magnétophone et le micro. Ils marchaient bien. Maintenant tout était prêt. A sept heures Jules devait commencer son travail. Il est monté dans son taxi d'un air nonchalant, puis il s'est mis en route, suivi des deux voitures. Il était très content, assis au volant. Aujourd'hui il était chauffeur de taxi – bientôt il serait vedette de télévision.

1. Pourquoi s'est-on rendu chez Jules à six heures et demie?
2. Qu'est-ce qu'Yves a fait pendant que Jules allait chercher son taxi?
3. Qui regardait avec curiosité ce qui se passait?
4. Qu'est-ce qu'on avait fait la veille au soir?
5. Pourquoi est-ce que Jules était content?

1. *Devant l'appartement de Jules.*

LE DIRECTEUR   Enfin, Yves, tout est prêt? Le micro a été installé dans le taxi?

YVES   Oui, monsieur; on l'a installé hier soir.

LE DIRECTEUR   Et on a donné des instructions à l'opérateur de la caméra?

YVES   Oui, monsieur; on lui a dit de suivre le taxi – de ne pas le perdre de vue. Ah, voici Jules qui arrive.

JULES   Bonjour, messieurs. On s'en va? Je ne veux pas rester ici – il y a trop d'yeux qui nous guettent.

LE DIRECTEUR   Dans deux minutes. On va d'abord vérifier le micro et le magnétophone. Yves a discuté avec vous ce que nous proposons de faire?

JULES   Oui, il est venu me voir hier soir.

LE DIRECTEUR   Bon, où allez-vous d'abord?

JULES   Je vais me diriger vers le centre – j'espère que mon premier client ne se fera pas trop attendre.

LE DIRECTEUR   Très bien. Nous vous suivrons dans les deux voitures.

JULES   Je serai interviewé plus tard, n'est-ce pas?

LE DIRECTEUR   Oui, c'est ça, à la fin de la journée. Je vais voir si on a tout vérifié.

YVES   C'est déjà fait, monsieur. Je viens de le faire. Tout marche bien.

LE DIRECTEUR   Au travail, alors. En route, monsieur; et bonne chance!

2.

JULES (*à son micro*)   Premier client en vue. C'est un homme d'affaires... bon pourboire, j'espère... Où voulez-vous aller, monsieur?

L'HOMME D'AFFAIRES   Place Goncourt, aussi vite que possible. On m'a dit de me rendre aussitôt à mon bureau. La police vient de me téléphoner. Il y a eu un vol, mais les voleurs ont été attrapés.

JULES   Bien, monsieur. Nous y serons dans un quart d'heure...

Un quart d'heure plus tard – l'homme d'affaires vient de descendre.

   80 centimes! Quel pourboire minable! C'est la première fois depuis un mois qu'on me donne moins d'un franc. Allons le célébrer dans ce café...

3.

JULES (*à son micro*)   Encore des clients en vue. On m'a hélé. Je m'arrête. Où allez-vous, messieurs?

ETUDIANT   A la Sorbonne.

JULES   Très bien, monsieur. (*à son micro*) Pas de chance! Ce sont des étudiants – ça veut dire presque pas de pourboire. Ce n'est pas souvent que je suis hélé par des étudiants. (*aux étudiants*) Il n'y a pas beaucoup d'étudiants qui voyagent en taxi.

ETUDIANT   Non, c'est vrai. C'est qu'il y a une conférence importante ce matin à neuf heures. Si nous arrivons en retard nous ne serons pas admis...

4.

JULES (*à son micro*)	Cet homme-ci a l'air riche. Voyons si j'ai raison. Monsieur?
LE DEPUTE	A l'Assemblée Nationale.
JULES	Ah, vous êtes peut-être député, monsieur?
LE DEPUTE	Oui, c'est ça. Je suis très pressé. J'ai un rendez-vous avec le Premier ministre à neuf heures et demie.
JULES (*démarrant*)	Le Premier ministre, vous dites. Alors, dites-lui de ma part, que je n'aime pas du tout la nouvelle taxe de circulation proposée par le gouvernement.
LE DEPUTE	Voilà exactement ce que je vais discuter avec lui. J'y suis opposé, moi-même. Les autres chauffeurs de taxi, qu'en pensent-ils?
JULES	Nous sommes tous très mécontents, monsieur – on ne nous a pas consultés. Cela ne me surprendrait pas si nous nous mettions en grève.
LE DEPUTE	Exactement. C'est ce que je dis moi-même. Les chauffeurs eux-mêmes devraient être consultés...
JULES (*le député vient de descendre.*)	Voilà un homme intelligent. Nous sommes d'accord, lui et moi, sur cette taxe de circulation. Je serai encore plus pauvre s'ils l'introduisent. Mais, courage, je serai interviewé ce soir – cela me vaudra cent francs... Allons chercher des clients près de la Tour Eiffel; voyons si je suis hélé par un riche touriste américain...

5. *Près de la Tour Eiffel.*

TOURISTE	Vous êtes libre, monsieur?
JULES	Oui, madame. Où voulez-vous aller?
TOURISTE	N'importe où, mais je veux voir Paris. Je n'ai qu'une journée pour tout voir. Demain je vais aller à Bruxelles. Alors je veux prendre votre taxi pour toute la journée, si vous êtes libre.
JULES	Bien sûr, madame. D'habitude les touristes aiment voir les Champs-Elysées et l'Arc de Triomphe. Allons-y d'abord. Cet après-midi nous visiterons l'Ile de la Cité et nous ferons le tour des places de Paris...

6. *Le soir.*

YVES	Où est maintenant votre riche touriste?
JULES	Je l'ai déposée à son hôtel. Elle était trop fatiguée par sa visite de Paris pour sortir ce soir.
YVES	Mais pourquoi avez-vous fait une visite aussi rapide?
JULES	Parce qu'elle n'avait qu'un jour à Paris. Elle a été envoyée en Europe par son mari qui est allé à une réunion. Elle va passer une journée dans chacune de six capitales.
YVES	Vous vous êtes bien amusés, cet après-midi, sans doute?
JULES	Bien sûr; j'ai été invité à déjeuner dans un grand restaurant, et puis nous avons fait le tour de Paris.
YVES	On vous a bien payé?
JULES	Mais oui; elle m'a donné un pourboire de cinquante francs.
YVES	Dites donc, c'est vraiment comme ça, la journée typique d'un chauffeur de taxi?
JULES	Pas du tout, malheureusement. De toutes mes journées de chauffeur de taxi, c'était aujourd'hui une des moins typiques! Mais je ne le dirai pas devant la caméra. On va m'interviewer maintenant?...

Questions

1a. Qu'est-ce qui a été installé dans le taxi?
 b. Quand est-ce que Jules sera interviewé?
2a. Qu'est-ce qui s'est passé au bureau de l'homme d'affaires?
 b. Est-ce que les voleurs ont réussi à s'échapper?
3a. Pourquoi est-ce que les étudiants ont pris un taxi ce matin?
 b. Qu'est-ce qui se passera s'ils arrivent en retard?
4a. Pourquoi est-ce que les chauffeurs de taxi sont mécontents?
 b. Qu'est-ce que le député en pense?
5a. Est-ce que la touriste va mettre beaucoup de temps à voir Paris?
 b. Pour combien de temps veut-elle prendre le taxi?
6a. Pourquoi est-ce que la touriste est à Paris?
 b. Est-ce que Jules a été bien payé?

Exercice 1 : Jules se fâche

1. Qui a été arrêté?

2. Par qui est-ce que Jules a été arrêté?

3. Où est-ce qu'on l'a arrêté?

4. De quoi est-il accusé?

5. Qu'est-ce qu'il est défendu de faire dans les rues de Paris?

6. Qui est-ce que Jules a battu?

7. Où est-ce qu'on a emmené l'agent?

8. Où est-ce qu'on a emmené Jules?

9. Où est-ce qu'on l'a mis pour se calmer?

Maintenant racontez toute l'histoire.

Composition

Imaginez que vous êtes Yves et que vous interviewez Jules. Posez-lui des questions sur sa vie de chauffeur de taxi, sur ses goûts, sur le gouvernement, les touristes, les étudiants, Paris, etc. Qu'est-ce que Jules répond?

Exercice 2

Choisissez dans la case la phrase qui indique ce qui se passera ensuite.

1. Les voleurs ont été arrêtés.
2. On a vu le voleur sortir de la banque.
3. L'agent a été battu par la
   femme de Jules.
4. Le paquet a été mis à la poste.
5. Tout le monde cherche
   les clefs perdues.
6. On n'a pas encore envoyé la lettre.
7. On a rattrapé le lion échappé.
8. Janine a été découverte en train
   de voler des chocolats

Elle sera bientôt arrêtée.
Il sera renvoyé au zoo.
Ils seront emmenés au poste de police.
Elles seront bientôt trouvées.
Il sera livré après-demain.
Elle sera punie par sa mère.
Il sera bientôt attrapé.
Elle sera mise à la poste cet après-midi.

Exercice 3

Imaginez ce qui est arrivé. (Employez le verbe dans la case.)

exemples i. L'agent tombe à terre. Il a été battu *ou* On l'a battu.
ii. Jules accompagne l'agent au poste de police. Il a été arrêté par l'agent.

1. Les voleurs ne sont pas du tout contents.
2. Jules ouvre la porte et trouve un paquet.
3. Danielle n'a pas reçu la lettre.
4. La jeune fille se met à pleurer.
5. On vient de trouver les clefs.
6. Les voleurs sont bouleversés.
7. L'agent arrête les étudiants.
8. On a trouvé un ballon sous la fenêtre cassée.

arrêter
livrer
envoyer
punir
perdre
découvrir
attaquer
casser

Exercice 4

Mme Labadie fait des achats.

1. Quel autobus a-t-elle pris pour aller en ville?

2. A quelle heure est-elle arrivée au supermarché?

3. Combien ont coûté les provisions qu'elle a achetées?

4. A combien était la boîte de sardines?

5. Combien a coûté un kilo d'oignons?

6. Combien a-t-elle payé chez le boucher?

7. Elle est rentrée chez elle en taxi. Combien est-ce que ça
   lui a coûté?

8. Combien a-t-elle donné au chauffeur comme pourboire?

Modèles LA VOIX PASSIVE

A.

l'hôtel	est	fermé?	oui,	il	a été	fermé	par la police
l'auberge		fermée?		elle		fermée	à cause d'un incendie
les magasins	sont	fermés?		ils	ont été	fermés	
les écoles		fermées?		elles		fermées	

B.

il a été	invité	à la surprise-partie?	oui, on l'a	invité
	trouvé	au bal?		trouvé
	attaqué			attaqué
	arrêté			arrêté
	découvert			découvert
	reconnu			reconnu
	battu			battu

C.

le téléviseur	sera	envoyé?	oui,	on	l'		enverra	tout de suite
la machine		envoyée?						aussitôt
les journaux	seront	envoyés?				les		immédiatement
les lettres		envoyées?						

D.

le château	a été	construit(e)	au 14e siècle
le pont	fut	démoli(e)	au 15e siècle
la forteresse	avait été		au 16e siècle

E.

on	lui	a donné	de l'argent?	oui	
	leur	donnera			
	vous	a demandé			
		demandera			STOP
		a promis			
		promettra			
		a demandé	d'aller à Paris?		AUCUNE
		a dit			VOIX
		a permis			PASSIVE
		dit			
		permit			
		ordonna			

F. REVISION

j'ai	compté	quinze	oignons
il a	acheté	seize	boîtes de sardines
ils ont	vendu	vingt et un(e)	enveloppes
		vingt-deux	soldats
		trente	
		quarante	
		cinquante	
		soixante	
		soixante-dix	
		soixante et onze	
		soixante-douze	
		quatre-vingts	
		quatre-vingt-un(e)	
		quatre-vingt-onze	
		quatre-vingt-dix-neuf	
		cent	

Composition: La prise de la Bastille

Paris en taxi

Après un bon déjeuner, Jules et sa riche touriste se sont mis en route pour visiter quelques-unes des places de Paris. Ayant passé par la Place de la Concorde, ils sont bientôt arrivés à la Place Vendôme.

La Place Vendôme (ci-dessous) est une des plus belles places de Paris. Au centre, en haut d'une grande colonne se trouve une statue de l'Empereur Napoléon 1er. La colonne est faite du bronze de 1200 canons qui furent pris à l'ennemi à la Bataille d'Austerlitz en 1805. La colonne est haute de 44 m. et les Parisiens l'appellent quelquefois 'la Chandelle'.

De là ils ont passé par la Place de l'Opéra en route pour la Place de la République. Puis ils sont redescendus vers la Seine et sont arrivés à la Place de la Bastille.

Sur la Place de la Bastille (à droite) on ne voit plus de forteresse. La prison fut démolie en 1789 au commencement de la Révolution Française. Aujourd'hui la place est dominée par la colonne de Juillet, haute de 52 m., élevée de 1831 à 1840. Si vous avez assez d'haleine pour monter les 238 marches de l'escalier jusqu'au sommet de la colonne vous aurez une vue magnifique des boulevards de Paris. N'y allez pas le mardi – beaucoup de monuments à Paris, y compris celui-ci, sont fermés le mardi.

La Place Vendôme

La Place de la Bastille

Le quatorze juillet on danse dans les rues

Conversation: La Fête du Quatorze Juillet

JULES   Nous y voici, madame, Place de la Bastille. Vous savez qu'il n'y a plus de prison ici?

TOURISTE   Mais oui; la prison a été démolie au commencement de la Révolution.

JULES   Oui, c'est la Révolution que nous célébrons le quatorze juillet.

TOURISTE   Je voudrais savoir ce qui se passe ce jour-là.

JULES   Eh bien, le matin il y a une grande revue militaire. Partout les rues sont pavoisées de drapeaux, et tout le monde s'amuse bien. L'après-midi il y a des concerts, des courses de chevaux, des représentations théâtrales...

TOURISTE   Et qu'est-ce qui se passe le soir?

JULES   Ah, le soir... les rues sont barrées, des estrades sont dressées, on y installe des musiciens et on danse dans les rues.

TOURISTE   Quelle coutume charmante!

JULES   Oui, et à la fin de la soirée il y a des feux d'artifice.

TOURISTE   Je voudrais bien être à Paris ce soir-là!

Après avoir visité la Place de la Bastille, Jules et sa touriste ont fait le tour de l'Ile de la Cité. La touriste en a été enchantée ; elle a surtout aimé le Marché aux Fleurs, où elle a acheté des plantes et a pris beaucoup de photos. Puisqu'elle allait le lendemain à Bruxelles elle a donné les plantes à Jules...

Le Marché aux Fleurs se trouve Place Louis-Lépine à côté du Quai de Corse, non loin du Quai aux Fleurs. Là se vendent des fleurs de toutes sortes, des roses, du lilas, du muguet, des œillets, des violettes et même des plantes d'appartement. Le dimanche c'est aussi un marché aux oiseaux.

Conversations

A. *Au Marché aux Fleurs.*

TOURISTE   Quelles jolies fleurs ! Le muguet sent si bon. Et les roses, qu'elles sont belles !

MARCHANDE   Elles ont un parfum délicieux, n'est-ce pas, madame ? Elles sont très fraîches. On vient de les cueillir ce matin même. Vous en voudriez une douzaine ?

TOURISTE   Oh non, merci. C'est combien, le muguet, là-bas ?

MARCHANDE   Quatre francs la botte, madame.

TOURISTE   Donnez-moi une botte, alors... pour votre femme, M. Jules.

JULES   Merci, madame. Vous êtes trop aimable. Ma femme en sera enchantée.

TOURISTE   Et cette plante-là. Qu'est-ce que c'est ?

MARCHANDE   C'est une orchidée, madame.

TOURISTE   C'est combien ?

MARCHANDE   Vingt-trois francs, madame. C'est une plante exquise.

TOURISTE   Je la prends. Voilà les vingt-sept francs.

MARCHANDE   Merci, madame. Je l'enveloppe ?

TOURISTE   Oui, s'il vous plaît... Voilà, M. Jules, pour votre femme.

B. Répétez la conversation en changeant les noms des fleurs et les prix. On voudrait aussi une branche de lilas à 3F. la branche et une douzaine de roses à 9F.30 la douzaine, mais on ne voudrait pas de plantes d'appartement. A douze francs la pièce elles sont trop chères !

Pratique

A.

il / elle	a fait / fit	construire	un garage
			une maison
	va faire / fera	imprimer	son article
			l'histoire du criminel
		entretenir	sa voiture

B.

il / elle	s'est fait / se fit / va se faire / se fera	photographier
		couper les cheveux
		laver les cheveux
je	me suis fait	

C.

				A D J E C T I F
les haricots	nous	rendent	malade(s)	
les voyages en bateau	vous		heureux	
le whisky	les	rend		
la bière	le			
le vin	me			V E R B E
	te	fait	dormir	
			chanter	

Exercices

A.   1.   Qu'est-ce qu'il a fait construire?

2.   Qu'est-ce qu'il va faire construire?

3.   Qu'est-ce qu'elle va faire imprimer?

4.   Qu'est-ce qu'il a fait entretenir?

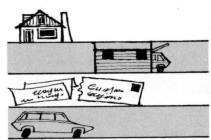

B.   1.   Qu'est-ce qu'il va faire?

2.   Qu'est-ce qu'elle va faire?

3.   Qu'est-ce qu'elle a fait?

4.   Qu'est-ce qu'ils ont fait?

C.   *exemple*   Est-ce que tu aimes le vin?
   a.   Oui, il me rend heureux.
   b.   Non, il me rend malade. *ou* Non, il me fait dormir.

1.   Est-ce que tu aimes le whisky?

2.   Est-ce que tu aimes le vin?

3.   Est-ce que tu aimes le cognac?

4.   Est-ce que tu aimes les voyages en bateau?

Au lycée

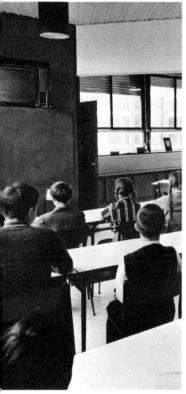

*La télévision dans
une salle de classe (à gauche)
L'arrivée (à droite)*

Un vendredi matin M. Lars Svensson, journaliste suédois, s'est présenté au bureau d'Yves. Il devait écrire une série d'articles pour un journal en Suède sur le système d'enseignement de tous les pays d'Europe.

Il avait déjà été en Allemagne, en Angleterre et en Italie, ainsi qu'au Danemark, en Norvège et aux Pays-Bas. Il avait interviewé des centaines de professeurs et d'élèves. Maintenant il était en France pour faire des recherches sur le système d'enseignement français. Il avait écrit à Yves, qu'il connaissait depuis longtemps, pour demander à celui-ci de collaborer avec lui à l'article. Yves a donc proposé de l'emmener dans un grand lycée mixte dans la banlieue de Paris, où il pourrait parler avec les élèves et interviewer le proviseur.

Ce lycée se trouve à dix kilomètres environ du centre de Paris. C'est un lycée dans lequel on fait des recherches pédagogiques.

On y utilise des méthodes actives et les moyens d'enseignement les plus modernes, y compris la télévision et les laboratoires de langues, où les élèves peuvent apprendre plusieurs langues étrangères, y compris le chinois.

Après avoir pris des photos de l'extérieur du lycée et de l'arrivée des élèves, Monsieur Svensson s'est rendu avec Yves au bureau du proviseur.

1.   Qui est Monsieur Svensson?
2.   Qu'est-ce qu'il était en train de faire?
3.   Quels pays d'Europe n'avait-il pas encore visités?
4.   Combien de personnes avait-il déjà interviewées?
5.   Qu'est-ce que c'est qu'un lycée mixte?

1. *Au bureau du proviseur.*

YVES	Je vous présente M. le proviseur du lycée, M. Levallon.
	M. Levallon – M. Svensson.
LEVALLON	Enchanté, monsieur.
SVENSSON	C'est un grand plaisir. Vous êtes très gentil de trouver le temps de me voir.
LEVALLON	Je vous en prie. Que puis-je faire pour vous?
SVENSSON	Eh bien, pourriez-vous me donner quelques renseignements sur votre lycée Par exemple, quand a-t-il été fondé, et combien d'élèves y a-t-il?
LEVALLON	Ce lycée a été fondé en 1959. Actuellement nous avons 2450 élèves dont 1340 garçons et 1110 filles.
SVENSSON	Comment est-ce que le lycée est organisé?
LEVALLON	De la sixième jusqu'à la troisième il y a deux sections : la section Classique, où l'on étudie plutôt le latin et les langues, et la section Moderne, où l'on étudie plutôt les langues vivantes et les mathématiques.
YVES	Et après la troisième?
LEVALLON	En seconde et en première il y a cinq sections : A, B, C, D, E.
SVENSSON	C'est un peu compliqué!
LEVALLON	Non, pas tellement. Je vous donnerai un schéma avant votre départ – vous y trouverez tous les détails.
SVENSSON	Ah, merci, vous êtes très gentil. Je voudrais aussi parler à des élèves, si c'est possible.
LEVALLON	Bien sûr, vous n'avez qu'à me dire à qui vous voulez parler.

2. *M. Svensson parle avec Jean-Claude Gaston, élève au lycée.*

SVENSSON	Vous êtes en quelle classe?
JEAN-CLAUDE	Je suis en classe de troisième, monsieur.
SVENSSON	C'est à dire que vous avez quel âge?
JEAN-CLAUDE	J'ai quatorze ans.
SVENSSON	Vous aurez bientôt à décider quels cours vous allez suivre en seconde, n'est-ce pas? Avez-vous déjà choisi?
JEAN-CLAUDE	Non, pas encore. Je voudrais me diriger vers une section scientifique, mais je ne suis pas très fort en mathématiques. Alors, je ne sais pas si cela sera possible.
SVENSSON	Combien de cours avez-vous par semaine?
JEAN-CLAUDE	Nous avons six ou sept heures de cours par jour – de huit heures jusqu'à midi et de deux heures à quatre ou cinq heures.
SVENSSON	Et combien de semaines de vacances avez-vous?
JEAN-CLAUDE	Nous avons dix semaines en été, et une quinzaine à Noël et à Pâques.
SVENSSON	Oh, vous avez de la veine! Merci beaucoup; vous m'avez beaucoup aidé.

> **Les cinq séries du Baccalauréat**
>
> **A** Philosophie-Lettres
> **B** Lettres et Sciences Economiques
> **C** Mathématiques et Sciences Physiques
> **D** Mathématiques et Sciences Naturelles
> **E** Mathématiques et Technique

Maintenant Svensson parle avec Anne Killy.

SVENSSON	Vous avez quel âge, mademoiselle?
ANNE	J'aurai bientôt dix-sept ans.
SVENSSON	C'est à dire que vous êtes en première?
ANNE	Oui, c'est ça. En section 'B'.
SVENSSON	Qu'est-ce que cela veut dire?
ANNE	C'est la section Lettres et Sciences Economiques. On y étudie un peu de tout.
SVENSSON	Vous avez donc beaucoup de travail?
ANNE	Vous parlez! En plus des trente heures de cours on a toujours beaucoup de devoirs – deux heures au moins par jour, et souvent quatre heures.
SVENSSON	Vous faites quand même du sport, n'est-ce pas?
ANNE	Ah oui, nous avons deux heures de gymnastique par semaine, mais je n'aime pas ça.
SVENSSON	Et avez-vous beaucoup de loisirs?
ANNE	Non, je vais à un club de jeunes pour danser, écouter des disques – mais je n'ai pas le temps d'y aller plus d'une fois par semaine.
SVENSSON	Bien, merci beaucoup, mademoiselle.
ANNE	De rien, monsieur.

Svensson est en train d'interviewer Georges Dampierre.

SVENSSON	Vous êtes donc en classe terminale?
GEORGES	Oui, j'ai dix-huit ans, monsieur.
SVENSSON	En quelle section?
GEORGES	En section 'C'. C'est à dire, la section Maths et Sciences Physiques.
SVENSSON	Et à la fin de cette année, qu'est-ce que vous avez l'intention de faire – après le Baccalauréat, je veux dire.
GEORGES	Oui, je passerai le bac à la fin de l'année scolaire. Si je suis reçu, j'irai à l'université. Mais certains camarades de ma classe vont essayer de préparer les Grandes Ecoles. Pour cela ils resteront encore un an ou deux ici au lycée.
SVENSSON	Il est difficile de rentrer aux Grandes Ecoles?
GEORGES	Oh oui, monsieur. Des milliers de candidats se présentent. Il y a un concours à la suite duquel un seul candidat sur dix est reçu.
SVENSSON	Y en a-t-il dans votre classe qui deviendront instituteurs?
GEORGES	Non. Pour devenir instituteur il faut entrer dans une école normale en seconde.
SVENSSON	Bon, c'est tout. Je vous remercie beaucoup.

Questions

1a. A quel âge est-ce que les élèves français commencent à avoir un choix de cours?

b. Pourquoi le proviseur donne-t-il un schéma à M. Svensson?

2a. Pourquoi Jean-Claude Gaston n'est-il pas certain de pouvoir suivre le cours qu'il voudrait choisir?

b. Combien d'heures de cours avez-vous par semaine? C'est plus ou moins que les élèves français?

c. Quelles sont les différences entre votre année scolaire et celle d'un lycéen français?

3a. A votre avis est-ce qu'Anne Killy est contente de son travail? Pourquoi?

b. Qu'est-ce qu'elle aime surtout faire?

4a. A quel âge est-ce qu'on passe le Baccalauréat en France?

b. Qu'est-ce qu'on peut faire après cet examen?

c. Que faut-il faire pour devenir instituteur?

Exercice 1 : Ça coûte combien ?

Exercice 2

Calculez en français:

exemple   cent douze plus cent trente font deux cent quarante-deux.

1. $150 + 250 =$
2. $125 + 146 =$
3. $201 + 309 =$
4. $198 + 188 =$
5. $550 + 560 =$
6. $1250 + 2250 =$
7. $1050 + 666 =$
8. $500.000 + 600.000 =$
9. $365 - 143 =$
10. $859 - 211 =$
11. $999 - 333 =$
12. $4 \times 255 =$
13. $6 \times 160 =$
14. $3 \times 59 =$
15. $12.500 \div 5 =$
16. $975 \div 3 =$

Ecrivez ces dates en chiffres:

17. mil sept cent quatre-vingt-neuf
18. mil huit cent douze
19. mil neuf cent quatorze
20. seize cent quarante-trois
21. dix-huit cent soixante-dix
22. mil neuf cent trente-neuf

Ecrivez ces dates en mots:

23. *1945*
24. *1918*
25. *1066*
26. *1815*
27. *1871*
28. *1793*
29. *1969*
30. *1492*

Exercice 3

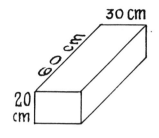

Quelle est la longueur de la boîte?
Quelle en est la hauteur? Et la largeur?

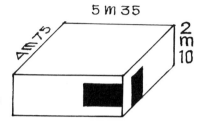

2. Quelles sont les dimensions de la pièce ci-contre?

3. Quelles sont les dimensions de la piscine? Quelle est la profondeur de l'eau?

Exercice 4

A quelle distance de Paris sont ces villes?

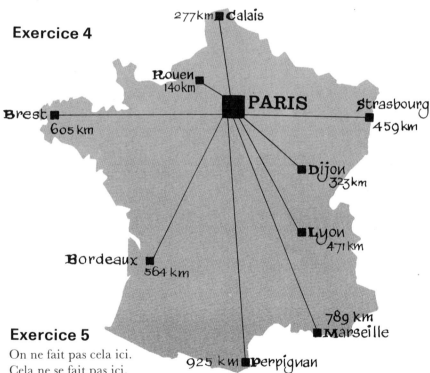

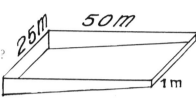

277km ■ Calais

Rouen
140km

PARIS

Strasbourg
459km

Brest ■
605 km

Dijon
323km

Lyon
471km

Bordeaux ■
564 km

789 km
■ Marseille

925 km ■ Perpignan

Exercice 5

exemple   On ne fait pas cela ici.
Cela ne se fait pas ici.

1. On ne dit pas cela.
2. On ne voit plus cela en France.
3. On ouvre le cinéma à 20 heures.
4. On ferme les magasins à 13 heures.
5. On trouve les monuments partout à Paris.
6. On boit beaucoup de vin en France.
7. On n'entend plus de klaxons à Paris.
8. On vend les fleurs au marché.
9. On écrit le mot 'adresse' avec un seul 'd'
10. On ne prononce pas ce mot comme ça.

Modèles

A.

la boîte	est	longue	de	2 m. 50?	oui, elle	a	2 m. 50	de	long
		large		1 m. 60?			1 m. 60		large
		haute		75 cm.?			75 cm.		haut

B.

le magasin	est	à	500 m.	de chez moi
le musée	se trouve		1 km.	d'ici
le cinéma			350 m.	de la place
la bibliothèque			800 m.	du centre de la ville

C.

avez-vous	beaucoup	de	pommes?	oui, j'en ai	beaucoup
	assez		pain?		assez
	trop		tomates?		trop
	peu	d'	argent?		peu

D.

la plupart	des	élèves	sont	ici
		garçons		intelligents
la plus grande	du	vin	est	bon
partie	de la	viande		fraîche

E.

il y a	plusieurs	voitures	devant la maison?	oui, il	plusieurs
y a-t-il	quelques	camions		y en a	quelques-un(e)s
		vélos			
		motos			

F.

101	cent un
120	cent vingt
152	cent cinquante-deux
200	deux cents; deux cents francs
201	deux cent un
210	deux cent dix
550	cinq cent cinquante
999	neuf cent quatre-vingt-dix-neuf
1000	mille; mille francs
1500	mille cinq cents
3000	trois mille; trois mille francs
1.000.000	un million; un million de francs
5.000.000	cinq millions; cinq millions de francs
1.000.000.000	un milliard; un milliard de francs
1948	mil neuf cent quarante-huit
	dix-neuf cent quarante-huit
1965	le garçon est né en mil neuf cent soixante-cinq
	NB une centaine de livres; un millier de spectateurs

G.

16 + 13 = 29	seize	plus	treize	font	vingt-neuf
16 − 13 = 3		moins			trois
16 × 4 = 64		multiplié par	quatre		soixante-quatre
16 ÷ 4 = 4		divisé par			quatre

Une salle de classe à la pension Muche

Le professeur, M. Topaze, s'adresse à la classe...

TOPAZE (*solennel*) Demain matin, de huit heures et demie à neuf heures et demie, composition de morale. Inscrivez, je vous prie, la date de ce concours sur vos cahiers de texte individuels.

Remue-ménage. On ouvre des cahiers. Topaze se lève, va au tableau, prend la craie, et écrit en grosses lettres :

'Mercredi 17 janvier 1927...'

A ce moment, au dernier banc, avec des chuchotements irrités, deux élèves échangent quelques horions.

TOPAZE (*au tableau, sans tourner la tête*)

Monsieur Kerguézec, je n'ai pas besoin de tourner la tête pour savoir que c'est vous qui troublez la classe...

Il écrit sur la deuxième ligne : Composition de Morale. A ce moment, l'élève Séguédille, assis au fond à droite, accomplit l'exploit qu'il préparait depuis son entrée. Avec un fil de caoutchouc, il lance un morceau de papier roulé qui va frapper le tableau à côté de Topaze. Le professeur se retourne brusquement, comme mû par un ressort. Les yeux fermés, la barbe hérissée, il tend un index menaçant vers la gauche de la classe et crie :

Kerguézec ! A la porte... je vous ai vu. (*Silence de mort. L'élève Séguédille, la tête baissée, rigole doucement.*) Kerguézec, inutile de vous cacher. Je vous ordonne de sortir. (*Silence*) Où est Kerguézec ?

L'ELEVE CORDIER (*il se lève, timidement*)

Sieur, il est absent depuis trois jours...

TOPAZE (*démonté*) Ah ! Il est absent ? Eh bien, soit, il est absent. Quant à vous, monsieur Cordier, je vous conseille de ne pas faire la forte tête...

Marcel Pagnol (né en 1895) *Topaze* Pasquelle Editeurs

Yves fait des recherches pour une émission de *La Terre qui Tourne*. Il va visiter votre école. Ecrivez son scénario pour lui. Il voudrait des renseignements sur les cours que vous suivez, l'emploi du temps, les vacances, les heures de travail, le sport, le nombre d'élèves, etc.

L'Enseignement en France

En France l'école est obligatoire de six à seize ans. Les classes sont organisées selon le plan ci-dessous:

	Age	Classe	Examen	Ecole
2e cycle	18 17 16	Terminale Première Seconde	Le Baccalauréat	Lycée Polyvalent *ou* Collège d'Enseignement Secondaire+Sections Techniques
Classes Secondaires	15 14	3e 4e	B.E.P.C./C.A.P.	
1er cycle	13 12 11	5e 6e		
Classes Primaires	11 10 9 8 7 6	7e 8e 9e 10e 11e		Ecole Primaire
Sections Enfantines	6 5 4 3			Ecole Maternelle

Les examens

Le Baccalauréat (le 'bac' ou le 'bachot') se passe en classe terminale. Ceux qui sont admis ont le droit d'entrer à l'université.

Brevet d'Etudes du Premier Cycle (B.E.P.C.) Examen écrit et oral comportant plusieurs matières, par exemple, mathématiques, langues, orthographe, rédaction, sciences naturelles. On le passe à la fin de la troisième.

Certificat d'Aptitude Professionelle (C.A.P.) Pour la section Technique au niveau de la troisième.

N.B. Il n'y a pas d'examen d'entrée en sixième. Le passage en sixième dépend du travail en septième.

L'année scolaire est divisée en trois trimestres de douze semaines environ. En principe les élèves ont des cours le lundi, mardi, mercredi, vendredi et samedi matin. D'habitude ils n'ont pas classe le jeudi.

Voici un extrait de l'Emploi du Temps d'un élève de seconde:

	8h–9h	9h–10h	Récréation de 9h55 à 10h10	10h–11h	11h–12h	14h–15h	15h–16h	Récréation de 15h55 à 16h5	16h–17h
Lundi	Libre	Maths		Géographie	Français: Dictée Grammaire	Libre	Anglais		Sciences Naturelles
Mardi	Allemand	Français: Explication de Textes		Maths	Physique/ Chimie	Histoire	Gymnastique		Libre

Picture caption text on image: MAISON DES EXAMENS / UNIVERSITÉ DE PARIS

A la fin de chaque trimestre les parents reçoivent un bulletin qui leur donne des renseignements sur les progrès de l'élève et qui indique les notes qu'il a obtenues à ses compositions trimestrielles. L'élève reçoit une note de **0** à **20** et une place.

Extrait d'un bulletin trimestriel

Nom DURAND Henri			Classe de 5ᵉ Classique
Matières	**Note**	**Place**	**Appréciation des Professeurs**
Français Orthographe et Grammaire	15	3ᵉ	Très appliqué
Explication de textes	14	5ᵉ	
Mathématique	9	22ᵉ	Un peu faible
Latin	8	25ᵉ	N'étudie pas assez ses leçons
Anglais	18	1ᵉʳ	Très bon

Les élèves qui sont admis au Baccalauréat peuvent entrer à l'université, où ils poursuivront des études supérieures. D'habitude, les étudiants n'ont pas le libre choix d'université – ils vont à celle qui se trouve dans la région où ils habitent. Il y a plus de vingt universités en France. Pourtant, certains étudiants préfèrent aller aux Grandes Ecoles ou aux Ecoles Normales pour continuer leurs études.

Faculté de médecine de l'université de Marseille

Grandes Ecoles

Indépendantes des universités, elles ouvrent les portes à toutes sortes de carrière: enseignement; armée; industrie; commerce; art; musique, etc. Les plus importantes sont l'Ecole Normale Supérieure et l'Ecole Polytechnique. C'est à l'Ecole Normale Supérieure que certains professeurs d'université reçoivent leur formation professionnelle.

Ecoles Normales

Ici se forment les instituteurs et institutrices des écoles primaires. On y entre par concours à la fin de la seconde ou de la troisième.

Pratique

il	est	intelligent	c'est	un homme intelligent
	était	grand	c'était	un grand bâtiment
elle		grosse		une grosse dame
		ronde		une table ronde
ils	sont	sportifs	ce sont	des garçons sportifs
	étaient	petits	c'étaient	de petits livres
elles		jolies		de jolies filles
		bleues		des tasses bleues

c'est	moi
c'était	toi
	lui
	elle
	nous
	vous
	le nôtre
	celui-ci

ce sont	eux
c'étaient	elles
	les tiens
	celles-là

c'est	vrai
c'était	peu
	dommage

il	est	difficile	de	faire cela	oui,	c'est	difficile	(à faire)
	était	facile		le comprendre	non,	c'était	facile	
	a été	possible		le persuader		ç'a été	possible	
	fut	impossible		l'expliquer		ce fut	impossible	
	sera					ce sera		
	serait					ce serait		

Exercice A

exemple Cet homme-là, il est prudent?
Oui, c'est un homme prudent.
1. Cette femme-là, elle est amusante?
2. Cet enfant-là, il est petit?
3. Cette personne-là, elle est paresseuse?
4. Ce professeur-là, il est intelligent?
5. Ce chien-là, il est méchant?
6. Cette maison-là, elle est grande?

Exercice B

Complétez les conversations en employant *ce*; *c'*; *il(s)*; *elle(s)*
1. Vous connaissez cet homme? Oui, ... est un joueur de football.
Je ne savais pas cela. .... est vrai; ...... est célèbre.

2. Regardez cet élève. Qui est ......? ...... mon frère.
...... est très intelligent.
Non, ... n'est pas vrai. .... est dans ma classe.
...... n'est pas intelligent.
Vous n'avez pas raison, ... est le garçon le plus intelligent de la classe.

3. A qui est ce livre? ...... est le mien.
Où donc est le mien? Le voilà. .... est sur la table.
Non, ... n'est pas le mien, ... est à lui.

Vol d'enfant

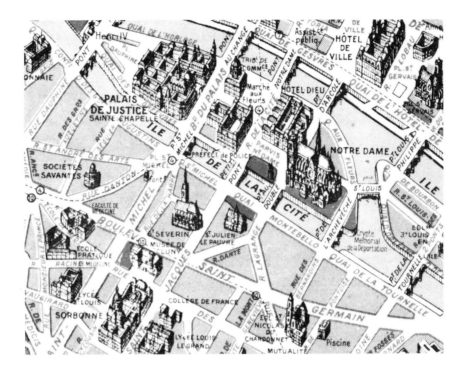

Vous vous souvenez peut-être du temps où le célèbre groupe français, les Papillons, a visité la ville d'Ambiers. En ce temps-là, Yves Mornet était reporter à *La Dépêche d'Ambiers*. Il a eu la grande chance d'obtenir une interview exclusive avec les Papillons. Depuis ce temps-là, il les a revus plusieurs fois et s'en est fait des amis.

Parmis eux, celui qu'Yves trouve le plus sympathique est Sacha. Donc, récemment, quand il a reçu un coup de téléphone de celui-ci, il en a été fort content. Seulement, la voix de Sacha, dès ses premières paroles, n'était pas du tout la voix gaie et insouciante qu'Yves connaissait. Au contraire, c'était une voix sérieuse et triste.

Sacha n'a pas voulu donner tous les détails au téléphone. Il a dit tout simplement qu'il s'agissait de son frère, d'une énorme somme d'argent, qu'il ne savait pas quoi faire et qu'il voudrait voir Yves le plus tôt possible.

Yves a fixé un rendez-vous avec Sacha dans un petit bistrot du quai des Orfèvres, puis, sans se poser de questions, il a quitté son bureau pour retrouver son ami.

1. Qui sont les Papillons?
2. Comment est-ce qu'Yves s'était fait un ami de Sacha?
3. En quoi la voix de Sacha était-elle différente de sa voix habituelle?
4. Pourquoi Sacha a-t-il téléphoné à Yves?
5. Qu'est-ce qu'Yves a fait à la suite du coup de téléphone?

9

1. *Chez Pierre, petit bistrot du Quai des Orfèvres.*

SACHA	Ah te voilà, Yves. Que je suis heureux de te voir!
YVES	Mais qu'est-ce qu'il y a, mon vieux? Tu es tout pâle!
SACHA	Assois-toi là; je t'expliquerai tout. Tu sais que j'ai un frère cadet, n'est-ce pas? Il a neuf ans.
YVES	Oui, je le sais. Il s'appelle Philippe, n'est-ce pas?
SACHA	Oui, c'est ça. Il est venu à Paris passer quelques jours chez moi. Ce matin je suis sorti très tôt pour aller aux studios. Je devais faire enregistrer un nouveau disque.
YVES	Et alors?
SACHA	Quand je suis rentré à midi Philippe n'était pas dans l'appartement. J'ai trouvé une lettre qui demandait un million de francs immédiatement en échange de mon frère.
YVES	Tu ne crois pas que ce soit une farce?
SACHA	Voilà ce que je me suis dit au début, mais cet après-midi j'ai reçu un coup de téléphone. Une voix rauque m'a dit que si je voulais revoir mon frère, je devrais faire tout ce qu'on me demanderait. On va téléphoner ce soir. En attendant, il faut que je fasse de mon mieux pour trouver un million. Mais il me sera très difficile de trouver une somme pareille avant ce soir.
YVES	Eh bien, il faut que tu ailles à la police. Il n'y a pas un moment à perdre.
SACHA	Voilà qui est impossible! Cet homme a menacé que, si j'allais à la police, je retrouverais le petit au fond de la Seine. Je n'ose pas prendre ce risque.
YVES	Ne t'en fais pas, Sacha! Ne sois pas découragé. J'ai un copain qui est policier. Il travaille juste à côté.
SACHA	On va le voir?
YVES	Non, ces gens vont peut-être te suivre. Je vais téléphoner à mon ami pour qu'il vienne ici.

2. *Vingt minutes plus tard. Yves, Sacha et Edouard Roussel, détective de la P. J. (Police Judiciaire), sont assis autour de la table. Sacha vient de raconter à Roussel tout ce qu'il avait dit à Yves tout à l'heure.*

ROUSSEL	Tu as bien fait de m'appeler, Yves.
SACHA	Mais ils ont dit – pas de police.
ROUSSEL	Oui, oui, ne vous inquiétez pas. Ça va s'arranger.
YVES	Mais qu'est-ce qu'on peut faire? Tu as un plan?
ROUSSEL	Oui, voilà ce que vous devez faire. (*à Sacha*) Monsieur, est-ce qu'il vous sera possible d'emprunter un million de francs pour vingt-quatre heures?
SACHA	C'est possible. Je ferai de mon mieux.
ROUSSEL	Bon, c'est bien. Allez vous occuper de l'argent et puis rentrez chez vous; attendez le coup de téléphone. Quand vous saurez ce que les escrocs vous demandent de faire, appelez Yves à son bureau. J'y serai avec lui après six heures. Et n'ayez pas peur. Tout cela s'arrangera.
YVES	Tu veux que je t'accompagne, Sacha?
ROUSSEL	Non, il faut que tu viennes avec moi, Yves. Nous avons des préparatifs à faire.
SACHA	Bon, je vais m'occuper de l'argent. Et merci mille fois, tous les deux.

3. *Quelques heures plus tard au bureau d'Yves. Yves et Roussel parlent en attendant le coup de téléphone de Sacha.*

YVES   Alors, tu as tout arrangé, Edouard?

ROUSSEL   Oui, j'ai deux voitures devant le bureau avec des agents en civil. Quand Sacha nous dira le lieu du rendez-vous nous y serons avant lui.

YVES   Très bien! (*Le téléphone sonne*) Ah, le voilà! Allô. Mornet à l'appareil... Bien... D'accord... Entendu... Bon. Tu feras tout ce qu'ils ont dit et puis tu rentreras chez toi. A tout à l'heure.

ROUSSEL   Alors, le rendez-vous est fixé?

YVES   Oui, il faut qu'il mette l'argent dans une valise et qu'il la laisse dans une cabine téléphonique devant le cinéma en bas du boulevard Saint-Michel.

ROUSSEL   Ils ont du toupet, ceux-là – le Boul'Mich en plein jour! Et le petit?

YVES   Pourvu qu'il y ait la somme exacte et qu'on n'appelle pas la police, Philippe sera libéré tout de suite.

ROUSSEL   Bon, tu me donneras les autres détails en route. Il faut que nous soyons là avant les escrocs.

4. *Deux heures plus tard dans l'appartement de Sacha. Philippe, sain et sauf, est assis dans un fauteuil.*

SACHA   Dis-moi exactement ce qui s'est passé, Yves. Tout ce que je sais, moi, c'est que trois personnes ont été arrêtées.

PHILIPPE   Oui, allez-y, Yves. Racontez-nous toute l'histoire.

YVES   Et bien, quand Sacha a laissé la valise dans la cabine téléphonique, nous regardions de la voiture.

SACHA   Je ne vous ai pas vus, moi.

YVES   Nous étions là quand même. Tout de suite après ton départ, une femme est entrée dans la cabine. Elle a pris la valise, puis elle est montée dans une Peugeot qui attendait tout près. Un homme barbu était au volant. Nous les avons suivis jusqu'à une maison délabrée dans la banlieue.

SACHA   Mais, s'ils vous avaient remarqués?

YVES   Roussel connaît bien son métier, tu sais. Mais ils sont entrés dans la maison, puis, deux minutes plus tard, ils sont sortis avec Philippe et un deuxième homme.

PHILIPPE   C'est à ce moment-là qu'Yves et les autres sont arrivés. Il y a eu une bagarre formidable!

YVES   Oh oui, Philippe! Les escrocs ont essayé de s'évader, mais nous étions huit contre trois. Maintenant ils sont tous au poste de police. Il faut que tu y ailles tout à l'heure, Sacha, faire une déposition.

PHILIPPE   Est-ce que je peux t'accompagner?

SACHA   Ah non, toi, tu vas te coucher tout de suite. Et je te défends de sortir sans moi tant que tu es à Paris.

La Terre qui Tourne

Yves va interviewer Sacha au sujet de l'enlèvement de son frère.
Imaginez leur conversation.

Questions

1a. Pourquoi Sacha était-il heureux de voir Yves?
 b. Pourquoi Sacha n'osait-il pas aller à la police?
 c. Qu'est-ce qu'Yves a proposé?

2a. De quoi est-ce que Sacha avait peur?
 b. Qu'est-ce que Roussel a proposé à Sacha de faire?

3a. De quoi parlaient Yves et Edouard en attendant le coup de téléphone?
 b. Pourquoi Roussel était-il surpris du lieu du rendez-vous?

4a. Comment était Philippe après son aventure?
 b. Où avait-on caché le petit?
 c. Où est-ce que les escrocs ont été attrapés?

Exercice 1

Vous avez été témoin d'un crime. La police pose des questions à vous et à un autre témoin en vous montrant des photos. Vous n'êtes jamais d'accord avec l'autre témoin.

exemple

Voici la maison des Boivin.
Non, celle des Boivin est grande.

1. Voici la voiture du fermier.

2. Voici le revolver de Richard.

3. Voici la montre que portait l'homme.

4. Voici les femmes que nous avons vues.

5. Voici l'homme que nous avons vu.

6. Voici le jeune homme qui nous a parlé.

7. Voici les femmes qui étaient dans la voiture.

8. Voici les hommes dont on nous a parlé.

Exercice 2

a. Dites que les affaires de Richard sont vieilles.

exemple Est-ce que Richard a une voiture?
Oui, il a une vieille voiture.
A-t-il un vélomoteur? une montre? des bottes? un appareil? des gants?

b. Dites que les affaires de Pierre sont belles.

exemple Est-ce que Pierre a une voiture?
Oui, il a une belle voiture.
A-t-il des timbres? une valise? un électrophone? des photos? un transistor?

c. Dites que les affaires d'Henri sont nouvelles.

exemple Est-ce qu'Henri a une voiture?
Oui, il a une nouvelle voiture.
A-t-il un téléviseur? des lunettes? des disques? un aspirateur? une montre?

Exercice 3

Où faut-il aller?

exemple   Vous avez besoin d'argent. Il faut que j'aille à la banque.

1. Vous avez besoin d'un mandat.
2. Vous avez besoin de livres.
3. Hélène a besoin d'un rouleau de sparadrap.
4. Mes parents ont besoin de provisions.
5. Nous avons besoin de nous reposer.
6. J'ai les cheveux trop longs.
7. Robert s'est cassé le bras.
8. J'ai une angine.
9. Les enfants ont faim.
10. Vous n'avez plus d'essence.
11. Danielle et sa tante veulent acheter des tomates.
12. L'oncle Bernard veut voir le film.

Exercice 4

Vous êtes la mère d'un garçon de douze ans. Vous ne voulez pas que votre fils fasse ce que font ses amis, parce qu'il est trop jeune.

exemple   Mes amis vont partir en vacances tout seuls.

1. Mes amis vont prendre le train.
2. Mes amis vont mettre de vieux vêtements.
3. Mes amis vont déjeuner en route.
4. Mes amis vont boire du vin.
5. Mes amis vont coucher sous la tente.
6. Mes amis vont avoir beaucoup d'argent.
7. Mes amis vont aller au cinéma tous les soirs.
8. Mes amis vont faire de l'autostop.
9. Mes amis vont rester longtemps au bord de la mer.
10. Mes amis vont rentrer très tard.

Exercice 5

Votre mère veut que vous fassiez certaines choses. Vous êtes d'accord, pourvu que votre frère les fasse en même temps.

exemple   Tu mettras ton imperméable? Oui, pourvu que Robert mette le sien.

1. Tu finiras ta soupe?
2. Tu feras tes devoirs?
3. Tu prendras ton parapluie?
4. Tu écriras tes lettres?
5. Tu nettoieras ta chambre?
6. Tu liras ton livre?
7. Tu apprendras tes leçons?
8. Tu boiras ton lait?
9. Tu mangeras ton dessert?
10. Tu seras sage?

A.

il faut	qu'	ils / elles	déjeunent	tout de suite / vite
maman veut				
je ne crois pas		il / elle	déjeune	au restaurant
crois-tu				à l'hôtel
il est possible	que	je		
		tu	déjeunes	
		nous	déjeunions	
		vous	déjeuniez	

B.

il faut	qu'	ils / elles	soient	content(e)(s)
papa veut				sage(s)
je ne crois pas		il / elle	soit	prêt(e)(s)
croyez-vous				heureux
	que	je	sois	heureuse(s)
		tu		
		nous	soyons	
		vous	soyez	

C.

mes amis			que	je		aussi
	viennent	il faut			vienne	
	partent	faut-il			parte	
	sortent	voulez-vous			sorte	
	boivent	pourvu			boive	
	répondent	il est possible			réponde	
	la finissent				la finisse	
	le disent				le dise	
	le mettent				le mette	
	en prennent			j'	en prenne	
	écrivent				écrive	

D.

il dit qu'il			qu'il	
	va en ville	je ne veux pas		aille en ville
	fait un tour	je ne crois pas		fasse un tour
	sait notre secret			sache notre secret
	a peur			ait peur
	peut entrer			puisse entrer

E.

je suis	content / heureux	que vous	veniez chez moi
			preniez le dîner chez moi
			vous y alliez avec nous
			sachiez où je suis
			fassiez le ménage
			puissiez venir
			ayez des nouvelles

F.

je crains	que tu	ne	viennes trop tard
il craint			perdes l'adresse
nous craignons			t'en ailles sans dire adieu
ils craignent			partes trop tard
j'ai peur			

Vous avez été témoin de cette
rafle. La police vous interroge.

1. Où étiez-vous?
2. Que faisiez-vous là?
3. Qu'est-ce que vous avez vu?
4. Combien d'hommes y avait-il dans la voiture?
5. Comment étaient-ils?
6. Qui est descendu de la voiture?
7. Avec quoi a-t-on cassé la vitrine?
8. Qu'est-ce qu'on a pris?
9. Qu'a-t-on fait après avoir pris les bijoux?
10. De quel côté est-ce que les voleurs sont partis?
11. Vous avez remarqué le numéro de la voiture?
12. De quelle couleur et de quelle marque était-elle?

 «Maintenant je vous demanderai de faire une déposition écrite de ce que
vous avez vu, s'il vous plaît.»

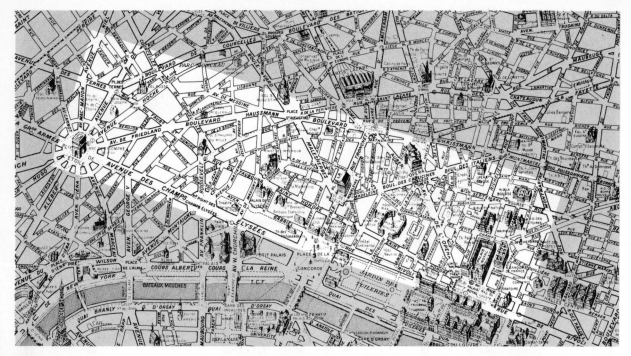

Le rectangle marqué sur le plan ci-dessus indique les limites de ce qu'on peut appeler le quartier de luxe de Paris.

A l'est de ce rectangle sont situés quatre grands théâtres nationaux: l'Opéra, l'Opéra-Comique, la Comédie-Française (*à droite*) et le Théâtre National Populaire. L'avenue des Champs-Elysées forme le côté sud-ouest. Cette avenue, longue de presque deux kilomètres, commence à la place de la Concorde. Bordée d'hôtels, de banques, de grands restaurants, de cafés et cinémas de luxe, de salons d'autos reluisants, elle monte vers l'Arc de Triomphe de l'Etoile, d'où s'étendent à perte de vue les appartements des riches Parisiens.

Dans ces limites se trouvent les grands hôtels, qui réservent leurs chambres pour les touristes riches venus de tous les coins du monde, les restaurants les plus célèbres avec leurs grands menus de haute cuisine, les bars et les clubs exclusifs, fréquentés par le beau monde, des ambassades et des ministères, beaucoup de théâtres et de grands cinémas, les maisons de haute couture et enfin les magasins du boulevard des Italiens et des arcades de la rue de Rivoli. Ici on trouve grands couturiers, modistes, coiffeurs, bijouteries, parfumeries – enfin, tout ce qu'il y a de plus chic à Paris.

C'est ici que s'offre au touriste la possibilité de s'amuser et de faire des achats. Les rues et les places lui offrent également un panorama de l'histoire de la capitale. Ici des églises gothiques se trouvent à côté de palais et d'hôtels construits pour les familles les plus nobles de la France. Jusqu'au milieu du dix-septième siècle ces endroits étaient encore presque à la campagne, mais au cours des années la ville les a entourés.

La Comédie-Française

A. *Au théâtre.*

Danielle va à la Comédie Française avec son oncle Bernard et sa tante Jeanne. Ils vont voir *Le Tartuffe* de Molière. Ils sont en train d'acheter leurs billets.

TANTE JEANNE	Voilà le bureau de location, chéri.
ONCLE BERNARD	Ah oui. Tu préfères le balcon ou l'orchestre, Danielle?
DANIELLE	C'est comme vous voudrez. D'habitude je vais à la galerie. C'est beaucoup moins cher.
ONCLE BERNARD	Ta tante préfère le balcon, alors je prendrai trois places au 2ᵉ rang de côté. *(Il va au bureau de location)*
DANIELLE	Mais ça coûte très cher! C'est plus de quarante francs.
TANTE JEANNE	Oui, mais on va au théâtre si rarement, tu sais. Ah, voilà Bernard avec les billets.
ONCLE BERNARD	Il n'y a plus de places au balcon. J'ai été obligé de prendre des orchestres. C'est par ici.
TANTE JEANNE	Dépêchons-nous, voilà les trois coups...

B. Imaginez la conversation de l'oncle Bernard au bureau de location.

C. *Au cinéma.*

Yves va au cinéma avec Philippe, le frère de Sacha.

YVES	Attends un instant. Je vais prendre les billets. Tu préfères la corbeille ou l'orchestre?
PHILIPPE	L'orchestre, s'il vous plaît.
YVES	*(à la dame à la caisse)* Deux orchestres, s'il vous plaît, madame.
DAME	Voilà. Deux à 9F. Ça fait 18F.
YVES	Merci – viens Philippe, on passe par ici.
OUVREUSE	Vos billets, s'il vous plaît. Voulez-vous éteindre votre cigarette, monsieur, avant d'entrer.
YVES	Ah, oui, j'avais oublié que je fumais.
OUVREUSE	Par ici, messieurs. Voilà deux places libres.
YVES	Merci madame. Voilà pour vous. *(Yves donne un pourboire à l'ouvreuse)*
OUVREUSE	Merci monsieur.
PHILIPPE	Ah, nous sommes arrivés juste à temps. Le film va commencer.

D. Répétez la conversation, mais cette fois prenez des places à la corbeille, dans un autre cinéma où les places sont à 8F50. L'ouvreuse vous dit que le film a déjà commencé avant de vous indiquer des places libres. Philippe voudrait une glace au chocolat.

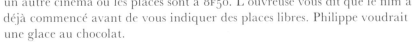

Les verbes impersonnels sont ceux qui s'emploient seulement avec 'il'.
En voici quelques exemples:

LE TEMPS ET L'HEURE	PLEUVOIR
il pleut	il pleut – présent
il neige	il pleuvait – imparfait
il fait beau (froid)	il a plu – passé composé
il fait du vent (du brouillard)	il pleuvra – futur
il est sept heures	il pleuve – subjonctif –
il est tard	présent

FALLOIR	VALOIR
il faut – présent	il vaut mieux y aller – présent
il fallait – imparfait	il ne valait plus la peine –
il a fallu – passé composé	imparfait
il faudra – futur	il vaudrait mieux rester ici –
il faudrait – conditionnel	conditionnel

il y	a	des billets sur la table
	avait	deux hommes dans la voiture
	aura	beaucoup de monde à la fête
	a eu	un accident place du Marché

Exercice

exemple Il va pleuvoir
Il faut que je mette un imperméable. *ou* Il faut que je prenne mon parapluie.

1. Il y a un bon film au cinéma Rex.
2. Il neige.
3. Il fait froid.
4. Vous êtes en retard.
5. Vous n'avez pas de timbres.
6. Demain vous partez en vacances.
7. Il vous faudra de l'argent.
8. Vous n'avez pas dit 'au revoir' à votre ami.
9. Vous avez travaillé dur.
10. Maintenant il est très tard.

Poème

...Il pleut Il pleut
Il fait beau
Il fait du soleil
  il est tôt
Il se fait tard
   Il
   Il
   Il
   Il
toujours Il
Toujours Il qui pleut et qui neige
Toujours Il qui fait du soleil.
    Toujours Il
Pourquoi pas Elle
   Jamais Elle
Pourtant Elle aussi
Souvent se fait belle!

Jacques Prévert *Refrain Enfantin* (*Spectacles* Editions Gallimard)

Au secours

Un dimanche vers la fin d'avril, Danielle était très inquiète. Elle était installée devant son poste de télévision, et attendait la première émission de la journée – un reportage spécial d'Yves Mornet, qui, à ce moment-là, survolait les Alpes en hélicoptère.

Yves a un oncle qui est pilote d'hélicoptère. Ce dimanche-là il prenait part à un exercice de sauvetage en montagne, dirigé par la Compagnie de Guides de Chamonix. Yves avait persuadé son oncle de le laisser faire un reportage sur cet exercice; ainsi, lui et Gérard Clos, l'opérateur de caméra, étaient maintenant installés dans un des hélicoptères de sauvetage.

Au début de l'opération trois alpinistes allaient faire l'ascension d'une des montagnes qui dominent la ville de Chamonix. Arrivés au sommet, ils feraient semblant d'être blessés – c'est alors qu'ils seraient sauvés en hélicoptère.

L'heure de l'émission approchait. Danielle devenait de plus en plus inquiète. Connaissant Yves depuis deux ans et ayant beaucoup travaillé avec lui, elle était arrivée au point où elle le considérait comme son meilleur ami. Elle l'avait donc prié de ne pas faire ce reportage dangereux, mais il avait insisté. S'il voulait être un reporter célèbre, il ne pouvait pas refuser de faire des choses dangereuses. D'ailleurs, ce serait une émission très intéressante à faire, et il y avait très peu de danger...

1. Pourquoi est-ce que Danielle était inquiète?
2. Qu'est-ce qu'Yves allait faire?
3. Comment est-ce qu'il lui avait été possible de le faire?
4. Est-ce que les alpinistes seraient vraiment blessés?
5. Pourquoi est-ce qu'Yves n'avait pas hésité à faire le reportage?

1. *Danielle allume le poste de télévision. A ce moment la tante Jeanne entre au salon.*

TANTE JEANNE	Est-ce que l'émission a déjà commencé?
DANIELLE	Non, elle va commencer dans deux minutes. Je viens d'allumer le poste… J'espère que tout va bien – que l'hélicoptère ne s'est pas écrasé.
TANTE JEANNE	Ne t'en fais pas, Danielle; il ne se sera pas écrasé. Ils ne s'écrasent pas souvent, ces hélicoptères.
DANIELLE	Pauvre Yves, s'il ne s'est pas écrasé il sera mort de froid, j'en suis sûre.
TANTE JEANNE	Mais non; il aura pris des vêtements chauds. Il aura sans aucun doute pris cet anorak que tu lui as offert. Mais, chut! Voici l'image…
DANIELLE	C'est Yves qui parle! Dieu merci!

2.

YVES — *(à l'écran)*… et en ce moment nous sommes en train de survoler le sommet de la montagne. Il fait un sale temps; la pluie tombe. La visibilité est très mauvaise; le sommet a disparu sous les nuages. Aucune trace des trois alpinistes. On croit qu'ils seront arrivés au col juste au-dessous du sommet, ou peut-être bien qu'ils se seront mis à l'abri encore plus bas. En ce moment on ne sait rien; il n'y a rien à voir et donc rien à vous raconter. Je reprendrai l'antenne dans une demi-heure; j'espère qu'alors nous aurons trouvé les alpinistes… Ici Yves Mornet en hélicoptère au-dessus de Chamonix; nous allons maintenant regagner le studio…

3.

DANIELLE	Mon Dieu! Pourquoi est-ce qu'ils continuent? Pourquoi ne rentrent-ils pas l'aéroport? Les alpinistes seront redescendus; ils n'auront pas continué sous la pluie. C'est dangereux, ça!
TANTE JEANNE	Ah, tu ne les connais pas, ces alpinistes. Ils font des ascensions par tous les temps. Non, Danielle, ils ne seront pas redescendus. Mais, ne t'en fais pas, dans une demi-heure ils seront arrivés au sommet.
DANIELLE	Je n'en suis pas sûre, moi. Il y aura une catastrophe, j'en ai le pressentiment. Je me demande ce que fait Yves en ce moment.
TANTE JEANNE	Il sera en train de chercher les alpinistes, sans doute. Il ne faut pas t'inquiéter, ma petite. Tu n'as qu'à attendre la prochaine émission…

4. *Une demi-heure plus tard.*

YVES

(à l'écran) Le directeur de l'exercice de sauvetage vient de constater que le mauvais temps a causé une avalanche sur la montagne. La route de la montagne est bloquée par des milliers de tonnes de pierres. On ne sait pas en ce moment si les alpinistes sont blessés ou même s'ils sont morts. Les guides expérimentés à Chamonix croient qu'ils se seront abrités pendant quelque temps, mais que maintenant ils auront atteint le sommet. A présent, on n'en sait rien. D'après les prévisions météorologiques, la pluie aura cessé et les nuages se seront dispersés dans une heure. Alors, restez à l'écoute; s'il y a des nouvelles nous reviendrons vous informer. Pour le moment je vous quitte. Nous allons prendre part à une véritable opération de sauvetage…

DANIELLE Voilà! Je te l'avais bien dit. Il va se tuer dans cet hélicoptère. Et je lui avais dit de ne pas faire cette émission!

TANTE JEANNE Doucement, Danielle. Cela s'arrangera. Dans une heure ils auront trouvé les alpinistes et ils les auront sauvés. Nous verrons bien.

DANIELLE Mais, qu'est-ce qu'ils font en ce moment, penses-tu?

TANTE JEANNE Ils seront toujours en train de chercher les alpinistes, peut-être. Et quand ils les auront trouvés ils devront les soulever du sommet de la montagne.

Une heure plus tard.

YVES (*à l'écran*) Nous voici au-dessus du sommet de la montagne. Les nuages se sont maintenant dispersés et il a cessé de pleuvoir. Au-dessous de nous on voit deux hommes qui emportent un troisième. Celui-ci semble être blessé à la jambe. L'autre hélicoptère a dû retourner à l'aéroport à cause d'une panne de moteur et c'est nous autres qui devons effectuer l'opération de sauvetage. Nous sommes en train de faire descendre un brancard sur lequel on va transporter l'homme blessé à l'hôpital… Et c'est ici que se termine notre reportage, puisque Gérard Clos, l'opérateur de la caméra, et moi allons descendre sur le sommet pour aider les alpinistes. Nous serons obligés de rester là pendant que le blessé est transporté à l'hôpital à Chamonix. A présent, nous rendons l'antenne au studio…

Plus tard.

DANIELLE Pourquoi n'y a-t-il pas de nouvelles d'Yves? Le blessé sera déjà arrivé à l'hôpital, n'est-ce pas?

TANTE JEANNE Oui, oui. Ne t'inquiète pas.

DANIELLE On sera donc retourné au sommet pour prendre Yves et Gérard. Est-ce qu'on aura atterri de nouveau à Chamonix? Pourquoi est-ce qu'Yves ne me téléphone pas? Peut-être qu'il est toujours au sommet de la montagne!

TANTE JEANNE Non, non; Calme-toi. Il sera déjà arrivé à Chamonix. Tiens! Voilà Yves à l'écran…

YVES (*à l'écran*) Enfin nous voici de retour à Chamonix. L'alpiniste blessé est maintenant à l'hôpital et l'opération de sauvetage est terminée. Je vais vous raconter tout ce qui est arrivé dans une émission spéciale de *La Terre qui Tourne*, ce soir à 22 heures. Jusque-là, c'est Yves Mornet, en direct de Chamonix… Nous allons maintenant regagner le studio.

TANTE JEANNE Voilà! Je te l'avais bien dit. Ils sont tous sains et saufs. Tout est bien qui finit bien.

DANIELLE Oui, tante Jeanne, tu as raison.

TANTE JEANNE Je me demande pourquoi tu t'inquiétais comme ça. Je vais le dire à Yves quand je le verrai. (*Danielle rougit.*)

DANIELLE Mais non; je ne m'inquiétais pas vraiment, tu sais!

1a. Comment sait-on que Danielle est inquiète en attendant l'émission?

b. Comment sait-elle qu'Yves n'est pas mort?

2a. Pourquoi n'est-il pas possible de voir le sommet de la montagne?

3a. Est-ce que les alpinistes seront redescendus?

b. Qu'est-ce que Danielle se demande?

4a. Pourquoi est-ce que l'exercice est devenu une véritable opération de sauvetage?

b. Quand est-ce que la pluie aura cessé?

5a. Qu'est-ce qu'Yves devra faire quand il aura trouvé les alpinistes?

6a. Que font les alpinistes quand on les trouve?

b. Qu'est-ce qu'Yves et Gérard doivent faire?

7a. Est-ce que la tante Jeanne s'inquiète?

8a. Est-ce que l'opération de sauvetage réussit?

Exercice 1   Danielle imagine l'opération de sauvetage

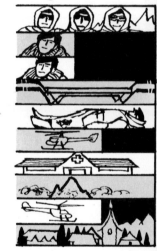

1. Qui sera arrivé au sommet de la montagne?

2. Qui les aura vus?

3. Qui sera descendu sur le sommet?

4. Qu'est-ce qu'on aura fait descendre aussi?

5. Qui est-ce qu'on aura mis sur le brancard?

6. Où est-ce qu'on l'aura soulevé?

7. Où est-ce qu'on l'aura transporté?

8. Où est-ce qu'Yves sera resté?

9. Qu'est-ce qui sera bientôt revenu?

10. Où est-ce qu'on aura bientôt transporté Yves?
   Maintenant racontez toute l'histoire.

Composition

Imaginez que vous êtes Yves et que vous faites le reportage de l'opération de sauvetage dans l'émission spéciale de *La Terre qui Tourne*...

A quelle heure êtes-vous parti de Chamonix?

Quel temps faisait-il?

Avez-vous trouvé tout de suite les alpinistes?

Quand est-ce que vous les avez trouvés?

Que faisaient-ils?

Comment les avez-vous aidés?

Quel temps faisait-il au sommet de la montagne?

Pourquoi avez-vous dû rester au sommet?

Comment est-ce qu'on vous a sauvé enfin?

Où êtes-vous allé à la fin de l'opération?

Comment vont les alpinistes maintenant?

Ajoutez enfin vos propres impressions de l'opération.

Exercice 2

Il est sept heures du matin.

1. Qui aura déjà commencé son travail?

2. Qui ne se sera pas encore réveillé?

3. Qu'est-ce que Danielle aura déjà fait?

4. Qui aura déjà passé chez les Labadie?

5. Qu'est-ce que Mme Labadie aura déjà fait?

6. Qu'est-ce qu'elle sera en train de faire?

7. Où est-ce que Jules sera arrivé maintenant?

8. Combien aura-t-il déjà eu de clients?

Exercice 3

Imaginez pourquoi......(Employez le plus-que-parfait)

exemple   Danielle ne put pas trouver son imperméable......
Elle l'avait laissé chez elle. *ou* Elle l'avait perdu.

1. Yves ne put pas trouver d'argent ......
2. Jules dut payer une amende ......
3. Danielle ne put pas entrer chez elle ......
4. Jules était en ville sans son taxi ......
5. Il n'y avait rien à manger chez Yves ......
6. Quand il arriva à la gare il n'y avait plus de train ......
7. Yves n'était pas chez lui quand Danielle y arriva ......
8. Jules et Yves n'avaient plus faim ......

Exercice 4

Le touriste étranger
Vous rencontrez un touriste étranger dans la Grand-Rue. Répondez patiemment et poliment à ses questions.

1. Pour aller à la gare, s'il vous plaît?
2. Le supermarché? Je ne comprends pas. Qu'est-ce que c'est?
3. D'où partent les autobus?
4. Mais qu'est-ce que c'est que la Mairie?
5. Est-ce qu'il y a des taxis dans cette ville?
6. Je dois aller à Paris ce soir; c'est loin d'ici?
7. Est-ce que le train de Paris sera déjà parti?
8. L'horaire? Je ne comprends pas. Qu'est-ce que c'est?
9. Qu'est-ce qu'il faut faire avant de monter dans le train?
10. Qu'est-ce qu'il faut faire après être descendu du train?

Modèles LE FUTUR ANTERIEUR

A.

quand	tu reviendras elle rentrera	j'aurai il aura nous aurons elles auront	(déjà)	trouvé fini atteint pris fait	les alpinistes le travail le sommet le dîner le ménage

B.

quand	j'arriverai nous arriverons	il sera elle sera vous serez ils seront elles seront	(déjà)	parti partie parti(e)(s) partis parties

C.

lorsque	tu rentreras elle reviendra	ils seront nous serons	partis arrivés sortis revenus descendus

D.

lorsque tu	te réveilleras viendras	il	se	sera	(déjà)	levé lavé habillé mis en route couché
		elles		seront		levées lavées habillées mises en route réveillées

E.

je pourrai sortir je viendrai te voir	quand	j'aurai	fini écrit fait trouvé	mes devoirs cette lettre la vaisselle mon imperméable
		je me serai	habillé lavé rasé	

Composition: En grève

Ecoutez l'histoire que le professeur va vous lire, puis répondez aux questions.

Questions

1. Est-ce que Jules va au travail aujourd'hui? Pourquoi?
2. Qui est en grève? Pourquoi?
3. Comment est-ce que Jules emploie cette journeé?
4. Pourquoi est-ce qu'il va en ville?
5. Est-ce qu'il s'amuse à regarder les voitures à la Concorde?
6. Pourquoi est-ce qu'il se rend chez le coiffeur?
7. Pourquoi est-ce qu'il entre dans un café?
8. Est-ce qu'il mange vite son déjeuner?
9. Qu'est-ce qu'il décide de faire à deux heures de l'après-midi?
10. Que fait-il dans l'avenue des Champs-Elysées?
11. Qu'est-ce qu'il décide d'acheter pour sa femme?
12. Qu'est-ce qu'il achète enfin?
13. Est-ce qu'il s'amuse toujours?
14. Qu'est-ce qui aura lieu le lendemain?
15. Est-ce que Jules en est content?

Maintenant racontez toute l'histoire.

Une opération désastreuse

Dans ce roman d'Henri Troyat, un avion qui transporte de l'or des Indes à Londres s'écrase sur le sommet d'une montagne. Une caravane de secours se met en route pour le sommet, mais sans aucun espoir de trouver des rescapés – on va seulement chercher l'or et les sacs postaux. Dans la ville, en bas, les habitants écoutent anxieusement la radio…

Malgré les risques de gel, de brouillard et d'avalanches, dit le commentateur, une caravane de secours, composée de six guides expérimentés, est partie ce matin, à dix heures, sous la conduite du guide-chef Nicolas Servoz, pour tenter de rejoindre les débris de l'avion *Blue Flower*, de la ligne Calcutta-Londres. Bien qu'il n'y ait pas le moindre espoir de trouver des rescapés sur les lieux du sinistre, un parachutage de vivres et de produits pharmaceutiques a été effectué au-dessus de l'épave. Admirablement équipés et entraînés, les sauveteurs sont munis de ravitaillement, de traîneaux de secours, de postes de radio portatifs et de fusées. Aux dernières nouvelles, les deux cordées, de trois hommes chacune, progressent lentement à cause de la forte épaisseur de neige qui recouvre les pentes.

Un peu plus tard on apprend la nouvelle de la mort du guide-chef Nicolas Servoz…

– Alors? demanda Isaie.

– Servoz… Servoz s'est tué, chuchota Bardu…

– Tué?

– Oui… Ce matin… En traversant le glacier… La lèvre d'une crevasse a foiré… Et le voilà précipité au fond par une coulée de neige. Enseveli sous six bons mètres de poudreuse… Quand on l'a dégagé, il était mort…

– Et il a femme et enfants, le pauvre! reprit Marie Lavalloud.

HENRI TROYAT (né en 1912) *La Neige en Deuil* Librairie Ernest Flammarion

Le Tour de France

Le Tour de France, grande épreuve cycliste de l'année, fut lancé en 1903 par Henri Desgranges. Depuis lors le tour a passionné, chaque année, sauf en temps de guerre, des millions de Français qui, généralement, ne s'intéressent pas beaucoup au sport. Pendant les 24 jours du Tour il n'y a presque pas de Français qui ne puissent pas nommer, de jour en jour, celui qui porte 'le maillot jaune' – c'est à dire, le leader du classement général.

Le Tour, un peu surchargé de manifestations publicitaires, vaut au moins 25.000F au gagnant, et il y a aussi beaucoup d'autres prix, dotés par les grandes maisons de commerce françaises, qui récompensent le gagnant de chaque étape, et le Grand Prix de la Montagne, qui récompense le meilleur grimpeur.

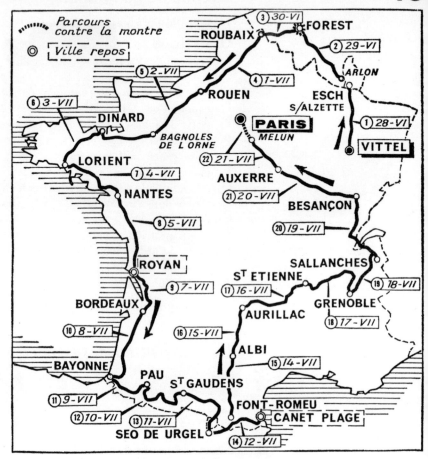

Voici un article qu'Yves a écrit pour *Jeune Paris* :

Le 55e Tour de France a commencé le 28 juin à Vittel. Après le défilé des équipes, terminé par les trois équipes de France, a retenti la sonnerie 'Au garde-à-vous'; puis le Maire de Vittel a ouvert la route au 55e Tour et le peloton de 110 coureurs s'est élancé.

Ce 55e Tour de France comporte 22 étapes (4.665 kilomètres) de Vittel à Paris, et se termine, pour la première fois, sur la piste municipale de Vincennes, le 21 juillet. Il y a deux journées de repos, à Royan (6 juillet) après la huitième étape, et à Perpignan-Canet-Plage (13 juillet) après la quatorzième étape. La plupart des étapes sont des parcours, mais il y a aussi trois courses 'contre la montre', y compris la course initiale, la veille du départ, qui décide lequel des coureurs a le droit de porter 'le maillot jaune' pendant la première journée.

Les 110 coureurs selectionnés sont groupés en onze équipes nationales de dix coureurs, parmi lesquelles France A, B, C, Pays-Bas, Espagne, Italie, Allemagne et Grande-Bretagne.

La fin du Tour !

Le peloton passe devant un vieux moulin

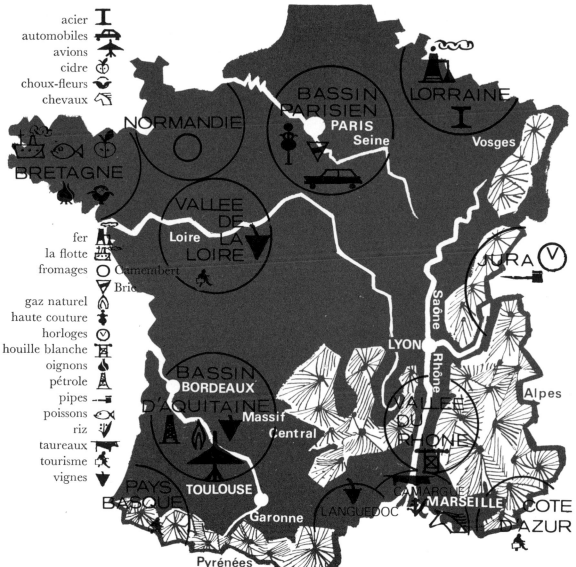

acier
automobiles
avions
cidre
choux-fleurs
chevaux

NORMANDIE

BASSIN PARISIEN
PARIS
Seine

LORRAINE

Vosges

BRETAGNE

VALLEE DE LA LOIRE
Loire

fer
la flotte
fromages Camembert
          Brie

JURA
V

Saône

gaz naturel
haute couture
horloges
houille blanche
oignons
pétrole
pipes
poissons
riz
taureaux
tourisme
vignes

LYON

Rhône

Alpes

BASSIN D'AQUITAINE
BORDEAUX

Massif Central

VALLEE DU RHONE

PAYS BASQUE

TOULOUSE

Garonne

LANGUEDOC

CAMARGUE
MARSEILLE

COTE D'AZUR

Pyrénées

Que savez-vous de la géographie économique de la France? Saviez-vous, par exemple, que le premier prototype du 'Concorde' a été construit aux ateliers de Sud-Aviation à Toulouse? Saviez-vous où sont faits ces célèbres fromages français – Brie, Camembert et Roquefort? Vous avez sans doute entendu parler des célèbres taureaux et chevaux de la Camargue, mais saviez-vous où est cette région de la France? Quels sont les produits principaux du bassin parisien? Si vous l'ignorez toujours, regardez la carte ci-dessus. Vous y trouverez quelques renseignements sur les diverses régions de la France et sur leurs produits.

Souvenez-vous que ceci n'est que le commencement de vos recherches. Si la géographie de la France vous intéresse, vous aurez peut-être envie de vous renseigner sur les divers produits de toutes les régions de ce pays.

Pratique

A.

il a	volé pris acheté emprunté caché arraché	le vélo l'appareil la moto le stylo	à	un ami une amie son cousin sa tante

B.

elle a pris	une fourchette une cuiller	sur	la table
	un couteau une nappe	dans	le tiroir
	du chocolat du lait		un bol une tasse
	de la salade du poisson		une assiette

C.

elle a	tiré arraché sorti	le mouchoir le revolver les clefs	de	sa poche sa serviette son sac

Exercices

A.
1. A qui avez-vous emprunté ce vélo? (ami)
2. A qui avez-vous volé de l'argent? (père)
3. A qui avez-vous acheté cette moto? (facteur)
4. A qui avez-vous pris cet appareil? (frère)
5. A qui ont-ils acheté cette voiture? (agent)
6. A qui ont-ils pris ce journal? (sœurs)
7. A qui ont-elles acheté ces glaces? (marchand de glaces)
8. A qui ont-elles emprunté cette tente? (amis)

B.
1. Où avez-vous pris le chandail?

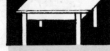

2. Où avez-vous pris les journaux?

3. D'où avez-vous arraché le revolver?

4. D'où a-t-il sorti le couteau?

5. D'où a-t-il tiré son revolver?

6. D'où a-t-elle sorti son stylo?

7. Où avez-vous pris ce couteau?

8. Où a-t-elle pris cette fourchette?

JEUNE PARIS

Supplément Chez Vous

Maison dans la Camargue

Le logement est très important pour chacun de nous. Le Français aime son foyer ; il aime rentrer le soir après le travail, fermer la porte derrière lui et rester en famille, confortablement installé chez lui.

Mais qu'est-ce que c'est que le logement ? Pour ceux qui habitent à la campagne la maison a toujours été non seulement l'endroit où l'on demeure, mais aussi l'endroit où l'on travaille. Autrefois, dans les villes aussi, on avait son atelier ou sa boutique sous le même toit qui abritait la famille. On voit partout en France les maisons des paysans, groupées dans les villages de l'Est ou du Centre, isolées au milieu des champs dans l'Ouest et le Nord.

Petite ville en Provence

Mais il n'y a que 35 pour cent de Français qui habitent à la campagne, dans les communes de moins de 2000 habitants. Les villes ont commencé à grandir avec le développement du commerce, de l'industrie et des transports. Elles continuent à grandir et à s'étendre. Pour le citadin la maison est souvent le lieu qu'il quitte pour aller au travail. Dans les petites villes on peut gagner le lieu de travail à pied ou en vélo, mais, dans les grandes agglomérations, on doit utiliser un moyen de transport public ou y aller en voiture.

Il y a d'autres différences. L'habitant d'une petite commune a toujours le temps de rêver et de flâner. Chacun connaît ses voisins — peut-être que tous les habitants du village sont connus. Mais dans la grande ville le rythme de la vie est plus pressé. On n'a pas le temps de bavarder, on doit prendre l'autobus ou le Métro, on ne connaît pas ses voisins.

Les villes grandissent sans cesse, les campagnards continuent d'arriver, mais les habitants de la ville nourrissent le rêve de retourner à la campagne, de retrouver le calme et la tranquillité. Très souvent ils achètent les maisons que les paysans ont quittées.

Les Ville

Des H.L.M. à Paris (à gauche).

Avec l'accroissement continuel de la population des grandes villes, chaque ville a dû construire de nombreux immeubles pour loger les habitants des vieilles maisons, des taudis sans salle de bains, sans eau courante, sans espace. Très souvent les nouveaux immeubles (les H.L.M.) sont groupés en cités qui se trouvent dans la banlieue et qui constituent des villes nouvelles. Pour les familles mal logées, y compris les travailleurs étrangers venus d'Afrique du Nord, d'Italie et d'autres pays, qui n'ont pas réussi à trouver un autre logement que dans les Bidonvilles; pour les jeunes ménages qui ont dû commencer leur vie mariée dans une chambre d'hôtel ou dans une seule pièce de la maison des parents; pour les ouvriers qui ont quitté leur village natal pour chercher un emploi mieux payé dans une usine ou un bureau, ces grands ensembles qui se sont élevés si rapidement autour des grandes villes ont offert une habitation assez bien équipée, bien éclairée, loin de la fumée, du bruit et de la saleté des vieux quartiers du centre.

Mais on sait que tout ne va pas bien dans les villes nouvelles; on a souvent entendu parler de 'la maladie des grands ensembles' – on l'a nommée la 'sarcellite' (Sarcelles a été une des premières villes nouvelles de Paris, dont la construction a commencé il y a plusieurs années). On parle des femmes pour qui chaque journée est trop longue, qui veulent rentrer au taudis d'où elles se sont échappées, des hommes qui ne trouvent plus la force pour s'amuser le soir ou le week-end, des bandes de jeunes voyous, qui cherchent à détruire les immeubles à peine achevés.

Une vue typique d'un Bidonville (ci-dessus).

Une ville champignon à Lyon (à gauche).

La cité de Sarcelles (ci-dessous).

Nouvelles

Jos reporters ont interviewé quelques habitants des cités ouvelles dans la banlieue de Paris. Voici les impressions qu'ils nt reçues.

Une des plus grandes fautes des cités nouvelles, c'est qu'elles nt trop vite grandi. Bien sûr, c'était nécessaire, parce que le roblème du relogement des milliers de familles était énorme, nais en effet on a construit des villes qui ne sont que des ortoirs en ce moment.

Jn immeuble moderne à Paris.

Une rue à Sarcelles

On n'a pas assez pensé aux besoins des habitants outre le esoin d'être logé. La construction des centres commerciaux, les Terrains de Sports, des Maisons de la Culture et des Jeunes suivi trop lentement celle des immeubles d'habitation.

Parce qu'il y a un manque d'emplois pour les hommes à roximité des grands ensembles, un père de famille doit faire un rajet assez long pour arriver au travail. Il part trop tôt le matin, arrive au lieu d'emploi fatigué, il rentre tard et épuisé chez lui. Sa femme, qui a passé la journée seule et ennuyée, voudrait eut-être sortir, mais son mari ne le veut pas. D'ailleurs il n'y a ien à faire dans une ville champignon qui puisse soutenir la comparaison avec les émissions de la télévision. Mais même si on reste à la maison le soir, on ne trouve pas la tranquillité lont on a besoin. Les murs ne sont pas très solides, on entend e poste de radio et même les conversations des voisins. Un lomme qui passe sa journée dans le bruit de l'usine et du train besoin du calme le soir. Il ne le trouve pas dans un apparte- nent d'un grand ensemble.

Les villes nouvelles ne vont pas offrir l'intérêt des vieilles villes de province ou des vieux quartiers de Paris sans le développement de centres commerciaux avec un libre choix de commerçants. Une seule boulangerie pour dix mille personnes ne suffit pas. Les grands magasins de Paris et les autres dis- tractions, les théâtres, les cinémas, les boîtes de nuit, vont continuer à attirer les habitants des villes nouvelles.

Qu'est-ce qu'il faut faire?

D'abord il faut mieux bâtir. L'insonorisation est essentielle. Il faut créer assez d'emplois dans la commune, il faut prévoir des commerces variés — pourquoi pas la petite épicerie du coin, où l'on rencontre les voisines? Il faut prévoir des terrains de jeux et d'aventures pour les petits, des clubs, des boîtes de jazz et des caves à la St-Germain pour les jeunes. Mais peut-être ce qui est plus important c'est le temps. Comme un bon vin, une commune doit avoir le temps de vieillir. Aujourd'hui les villes sans grands- mères — demain les villes pleines de grands-mères et de petits- enfants seront de vraies communes. Elles cesseront d'être des dortoirs tristes quand ils auront leur propre vie à toute heure de la journée. Une ville qui meurt à sept heures du soir manque de cœur.

Un supermarché à Marly-le-Roi.

Un intérieur moderne – le salon.

Vous habitez une machine

La maison moderne est une machine assez compliquée. Quand un immeuble est construit il faut prévoir plusieurs installations. Il y a d'abord le gaz et l'électricité, l'eau potable et non-potable. Il faut aussi installer un système d'égouts, et peut-être qu'il y aura un système de chauffage collectif. On aura besoin du téléphone et peut-être de la radio et télévision distribuées par câble. On voudra recevoir du courrier et on se servira du service municipal de nettoiement pour enlever les ordures.

Quels appareils électro-ménagers et électroniques est-ce qu'on trouve dans une habitation moderne? Vous avez chez vous peut-être un aspirateur, un téléviseur . . . et quoi encore?

La France est un jardin . . .

Tout Français nourrit le rêve de faire construire un pavillon à la campagne, entouré d'un jardin, où il pourra cultiver des fleurs, des légumes et des arbres fruitiers. Dans le jardin à la française tout est bien rangé, comme dans un jardin japonais.

Il est très agréable de s'asseoir sur la terrasse par un bel après-midi d'été, mais il faut bien des heures de travail pour avoir un beau jardin. Il faut bêcher la terre, la houer et la ratisser; il faut arracher les mauvaises herbes et cultiver les graines qu'on a semées.

Etes-vous fort en jardinage?

A quoi servent ces outils?

En quelle saison est-ce qu'on sème les graines? Qu'est-ce qu'il faut faire pour les faire pousser?

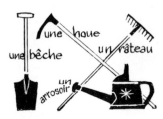

une houe
une bêche
un râteau
un arrosoir

La maison de demain

Comment est-ce que les hommes seron logés à l'an 2000?

Est-ce que tout le monde habitera dans une de ces casernes qu'on appelle les grands ensembles? Est-ce que les pays d'Europe seront tout-à-fait couverts de gratte-ciel? On sait que certains ingénieurs nous proposent déjà des tours hautes de cinq kilomètre

Peut-être construira-t-on des cités à l'intérieur de la terre, des villes flottantes ou sous-marines; ou bien, po trouver de l'espace, est-ce qu'on devra construire les villes de l'avenir sur les autres planètes?

Sans doute, les maisons de l'avenir seront confortables. Des appareils robots feront le ménage et la cuisine. On n'aura qu'à décrocher le récepteur téléphone-téléviseur pour être mis en contact avec les commerçants. Peut-être, les jeunes ne devront pas quitter la maison pour poursuivre leurs études ils auront à la maison des machines audio-visuelles qui remplaceront les professeurs.

Habitat Expo '67.

Votre maison idéale

Etes-vous citadin ou campagnard? Si vous pouviez choisir, est-ce que vous habiteriez à la campagne ou en ville? Quelles sont les avantages et les inconvénients de la vie rurale? Voudriez-vous habiter Sarcelles?

C'est la fin de l'été. Paris est en vacances – dans les rues il y a plus de touristes que de Parisiens. Il fait très chaud. Assis dans son bureau, Yves étouffe. Il regarde par la fenêtre le va-et-vient des voitures, des camions, des autobus. Il pense au vent frais de la mer, au sable... il rêve de la campagne, de l'herbe verte, des vignobles... mais non, tant pis! Il doit rester au bureau. Il baisse la tête et reprend son travail interrompu...

A onze heures précises le téléphone sonne. Yves décroche le récepteur et se met à parler. Son visage, tout à l'heure si triste et rêveur, prend un air moins sombre; il commence à sourire. Son patron, Jean-Pierre Collet, lui propose une visite aux vignobles de Bourgogne: il doit préparer une émission spéciale de *La Terre qui Tourne* sur les vendanges... il doit partir tout de suite... il peut y passer une semaine. Yves, n'osant pas croire à sa bonne fortune, raccroche le récepteur; puis il quitte le bureau.

Une heure après, Yves est assis au volant d'une voiture louée, en route pour Montret en Bourgogne. En se rappelant combien il se sentait triste il y a si peu de temps, il sourit de nouveau. Il va aller aux vignobles de Monsieur Laurent, ami de Jean-Pierre Collet, où il va faire des recherches pour son reportage. Il doit en écrire le scénario après sa rentrée à Paris.

Arrivé à Montret, Yves commence à faire ses préparatifs. Monsieur Laurent l'invite à parler avec les vendangeurs. Il commence par aller dans les vignobles parler avec M. Tillier, un Parisien, qui est à Montret pour les vendanges.

1.   En quelle saison sommes-nous?
2.   Comment est-ce qu'Yves se sent?
3.   A quoi est-ce qu'Yves pense, quand il est dans son bureau?
4.   Pourquoi est-ce qu'il sourit quand son patron lui parle au téléphone?
5.   Est-ce qu'il part pour Montret dans sa propre voiture?

1. *Interview avec M. Tillier, qui est à Montret pour les vendanges.*

YVES	Alors, M. Tillier, vous venez à Montret tous les ans?
M. TILLIER	Non, c'est ma première visite.
YVES	Je voudrais parler avec quelqu'un qui connaît la région.
M. TILLIER	Je ne la connais pas bien, moi. Vous auriez dû arriver un peu plus tôt.
YVES	Pourquoi?
M. TILLIER	Vous auriez pu parler avec M. Luchon. Il est parti cet après-midi même. Il s'y connaît bien puisqu'il vient ici depuis vingt ans.
YVES	Quel dommage! Si j'avais pris le train, je serais arrivé à temps pour le voir. Mais, dites, est-ce la première fois que vous prenez part aux vendanges?
M. TILLIER	Ah non, d'habitude nous allons à Bordeaux, mais cette année les enfants ont voulu aller ailleurs.
YVES	Vos enfants sont avec vous alors?
M. TILLIER	Oui, et ma femme aussi. J'ai un garçon de 14 ans et une fille de 16 ans.
YVES	Le travail n'est pas trop dur pour eux?
M. TILLIER	Mais non, ils se débrouillent bien.
YVES	Combien d'heures par jour travaillez-vous?
M. TILLIER	Oh, ça dépend. D'habitude dix à douze heures par jour.
YVES	J'ai remarqué qu'il y a un espace de plusieurs mètres entre les rangées de vignes. Pouvez-vous me dire pourquoi?
M. TILLIER	Oui, c'est très important. Comme ça, il est beaucoup plus facile de cultiver les vignes.

2. *Après avoir parlé à quelques autres personnes dans les vignobles, Yves parle à M. Vanneau qui travaille au pressoir.*

YVES	Excusez-moi de vous déranger, monsieur. Je cherche M. Vanneau.
M. VANNEAU	C'est moi. Vous êtes le jeune homme de la télé, sans doute.
YVES	C'est ça. Vous permettez que je vous pose des questions?
M. VANNEAU	Je vous en prie.
YVES	Qu'est-ce qu'on fait ici exactement?
M. VANNEAU	D'abord on met les raisins dans ce pressoir pour en exprimer tout le jus.
YVES	Vous souvenez-vous du temps où on foulait les raisins avec les pieds?
M. VANNEAU	Oui, je m'en souviens, mais on ne le fait plus. Par ici, du moins. Ça se fait toujours dans les petits vignobles.
YVES	C'est dommage que cela ne se fasse pas ici. J'aurais voulu voir cette scène.
M. VANNEAU	Le patron aurait dû vous le dire – mais vous pourriez quand même voir ça à Branges, aux vignobles du frère de M. Laurent.
YVES	Ah oui, cela vaudra une visite. J'en ferai une scène intéressante dans l'émission. Mais dites! Quel pressoir énorme!
M. VANNEAU	Oui, il est fait entièrement en bois, même la vis.
YVES	Qu'est-ce que vous faites après avoir pressé les raisins?
M. VANNEAU	On met tout le jus dans ces grandes cuves là-bas.
ÝVES	Et vous jetez les restes?
M. VANNEAU	Non, d'habitude on les repasse au pressoir pour faire du marc.
YVES	Ah oui, c'est une sorte de cognac, n'est-ce pas?
M. VANNEAU	Non, jeune homme, le marc que je fais ici est supérieur au cognac! Tenez, j'en ai une bouteille ici. Goûtez ça, monsieur.
	(*Il offre un petit verre à Yves.*)

3. *Yves continue à suivre le progrès du raisin. Maintenant il parle avec M. Chausson, qui travaille dans les caves.*

YVES — Qu'est-ce qu'on fait dans ces caves-ci?

M. CHAUSSON — C'est ici qu'on met le vin en tonneau.

YVES — Combien de tonneaux est-ce que vous produisez chaque année?

M. CHAUSSON — Ça dépend du temps qu'il fait. S'il fait beau pendant tout l'été nous pouvons avoir jusqu'à mille tonneaux.

YVES — Et cette année a été bonne?

M. CHAUSSON — Pas trop. Nous aurons peut-être sept cents tonneaux, puisque cette année il a beaucoup plu pendant que les raisins mûrissaient.

YVES — Dites, monsieur, vous ne mettez pas le vin en bouteille ici?

M. CHAUSSON — Nous vendons 95% du vin au négociant qui le met en bouteille. L'autre 5% nous mettons en bouteille ici, et nous le gardons nous-mêmes.

YVES — Une fois mis en tonneau le vin est bon à boire?

M. CHAUSSON — Non, il doit passer l'hiver dans ces tonneaux, jusqu'à ce qu'il devienne clair.

YVES — Vous n'avez que du vin rouge ici, n'est-ce pas?

M. CHAUSSON — C'est ça. Ici on a toujours préféré le rouge; mais le frère du patron à Branges fait du blanc.

YVES — Est-ce qu'on produit du rosé dans la région?

M. CHAUSSON — Non, il n'y en a pas par ici. Vous avez une carte vinicole de la région?

YVES — Non, je n'en ai pas.

M. CHAUSSON — Si j'avais su, j'en aurais apporté une. J'aurais pu vous montrer où se trouvent les plus grands vignobles et où se produit le rosé, le rouge et le blanc.

YVES — Merci, quand même. Je reviendrai la voir plus tard si cela ne vous dérange pas trop. A toute à l'heure, monsieur.

4. *Après avoir parlé avec une dizaine de personnes, Yves se rend au bureau du vigneron, M. Laurent.*

M. LAURENT — Ah, vous voilà de retour, M. Mornet. J'espère que vous avez trouvé tout ce que vous vouliez.

YVES — Oui, tout, merci. J'ai trouvé mes conversations avec vos collègues très intéressantes.

M. LAURENT — Très bien. Je suis heureux d'avoir pu vous aider. Maintenant je vous invite à déguster un peu nos vins.

YVES — Avec le plus grand plaisir.

M. LAURENT — Tenez, comment trouvez-vous celui-ci?

YVES — Mmm... il est bon. Mais un peu jeune, peut-être.

M. LAURENT — (*surpris*) Très bien! C'est de la dernière récolte. Maintenant, goûtez celui-ci.

YVES — Mmm... oh, il est délicieux, celui-ci. Vraiment délicieux.

M. LAURENT — Je vois que vous vous y connaissez. Celui-là est un soixante-quatre, une très bonne année.

YVES — Ah, oui, il est très bon.

M. LAURENT — Quand vous partirez je vous en donnerai une bouteille pour mon vieil ami, Jean-Pierre. Mais, où allez-vous maintenant?

YVES — Je voudrais bien aller voir votre frère à Branges, si cela est possible.

M. LAURENT — Oui, bien sûr. Je lui téléphonerai tout de suite.

YVES — Merci, monsieur, et merci encore une fois de toute votre gentillesse.

M. LAURENT — Il n'y a pas de quoi. Mais n'oubliez pas de me dire la date de l'émission quand vous la saurez.

Questions

1a. Pourquoi est-ce qu'Yves aurait dû arriver plus tôt?
 b. Comment Yves aurait-il pu arriver plus tôt?
 c. Comment les vignes sont-elles rangées? Pourquoi?

2a. A quoi sert un pressoir?
 b. Qu'est-ce qu'on ne fait plus à Montret?
 c. En quoi le pressoir est-il fait?

3a. Qu'est-ce qu'on fait avec le vin pendant l'hiver?
 b. Quelle sorte de vin est-ce qu'on fait à Montret?

4a. Qu'est-ce que M. Laurent invite Yves à faire?
 b. Comment est-ce qu'Yves trouve les vins?

Exercice 1

Dites ce qu'on aurait dû faire.

exemple Je n'ai plus d'essence.
 Vous auriez dû faire le plein avant de partir.

1. Je n'ai pas eu le temps de finir mes devoirs.
2. Vous êtes arrivé trop tard.
3. Je suis allé au club à vélo. J'y suis arrivé trop tard.
4. Moi j'ai faim, mais il n'y a pas de wagon-restaurant.
5. Les filles ont manqué le train.
6. Nous avons perdu le match.
7. Vous avez manqué l'émission de télévision.
8. Je suis venu en avion, mais je déteste voyager en avion.
9. Je voudrais une glace, mais le film va commencer.
10. J'ai besoin d'un livre, mais la bibliothèque est fermée.

Exercice 2

exemple Viens me voir si tu as fini tes lettres.
 Je viendrai te voir quand j'aurai fini mes lettres.

1. Allume la télévision, si tu as fini tes devoirs.
2. Ferme la fenêtre, si tu as nettoyé la chambre.
3. Repose-toi, si tu as fait le ménage.
4. Achète un scooter, si tu as vendu ton vélomoteur.
5. Ferme la porte à clef, si Pierre est rentré.
6. Mets-toi à table, si papa est arrivé.
7. Viens me voir, si ton frère est parti.
8. Couche-toi, si tu t'es brossé les dents.
9. Habille-toi, si tu t'es lavé.
10. Va le voir, si tu t'es bien installé.

La Terre qui Tourne

Jean-Pierre Collet a décidé d'inviter son ami, M. Laurent, à prendre part à l'émission sur les vendanges. Yves va l'interviewer. Imaginez leur conversation.

Exercice 3

Complétez ces phrases

exemple   Si j'avais su que vous étiez là .... je serais venu plus tôt.

1. Si Henri était arrivé à cinq heures ......
2. Si mes parents avaient pris le train ......
3. Si j'avais pu venir plus tôt ......
4. Si elle s'était dépêchée ......
5. S'il avait plu ......
6. Si Hélène ne s'était pas levée de bonne heure ......
7. Vous seriez tombé, si ......
8. Je vous l'aurais dit, si ......
9. Les enfants se seraient blessés, s'ils ......
10. Je me serais servi du revolver, si ......
11. Je me serais baigné, si ......
12. Je sais que vous auriez payé, si ......

Conversations

Imaginez les quatre conversations.

A.

vous devriez	faire la vaisselle	j'aurais	dû	la faire	plus tôt
je devrais	faire les commissions	vous auriez		les faire	hier
papa devrait	laver la voiture	il aurait		la laver	
les filles devraient	finir leurs devoirs	elles auraient		les finir	

B.

je voudrais voir le film	moi aussi	j'aurais	voulu	le voir	mais ce
Henri voudrait aller au zoo	Hélène aussi	(elle) aurait		y aller	n'est pas possible
les filles voudraient jouer au tennis	les garçons aussi	(ils) auraient		jouer au tennis	
nous voudrions aller à la surprise-partie	nous aussi	nous aurions		y aller	

C.

si	j'avais su	que vous étiez là	j'aurais téléphoné	plus tôt
	nous avions voulu	aller au cinéma	nous aurions pu	le faire hier
	tu avais parlé	au proviseur	il aurait pu	vous aider
s'	ils avaient commencé	plus tôt	ils auraient fini	avant 5 heures

D.

si	j'avais pris	le train	je serais arrivé	plus tôt
	nous étions sortis	plus tôt	nous serions rentrés	avant 11 heures
	vous vous étiez dépêché		vous seriez arrivé	
	elles avaient fait	attention	elles ne seraient pas tombées	

E.

si tu étais arrivé cinq minutes plus tard	il	se	serait	(déjà)	levé
					lavé
					rasé
					habillé
	elle				habillée
					couchée
					mise en route
	nous nous serions				réveillés
	ils se seraient				mis en route

F.

Pierre a dit qu'il	enverrait la lettre	quand il	aurait fini ses devoirs
	irait en ville		aurait dîné
	sortirait		se serait lavé
	viendrait me voir		se serait installé

G.

si	Hélène	fait	la cuisine,	Pierre	fera	la vaisselle
	maman	faisait	les lits,	papa	ferait	le ménage
		avait fait			aurait fait	

En poursuivant ses recherches pour l'émission de *La Terre qui Tourne* sur les vendanges, Yves a dû visiter plusieurs régions de France. Il a dû réserver une chambre à Barsac. Voici la lettre qu'il a écrite pour se renseigner sur les prix des chambres.

Paris
le 5 septembre.

M. Le Propriétaire,
L'Hôtel Florida,
Barsac.

Monsieur,
Je vous serais reconnaissant si vous m'indiquiez le tarif de vos chambres pour une personne au mois de septembre.
Je voudrais une chambre avec salle de bain.
Je voudrais également savoir si vous avez un garage à l'hôtel.
Veuillez agréer, Monsieur, l'expression de mes sentiments distingués,

Y. Mornet

Et voici la réponse qu'Yves a reçue quelques jours plus tard.

HOTEL FLORIDA
BARSAC

M. Y. Mornet,   le 7 septembre
16 rue des Rois,
Paris XIXe.

Monsieur,
   Nous vous remercions de votre lettre du 5 courant. Nous avons l'honneur de vous signaler les prix suivants: Chambre a un lit (avec salle de bain) au mois de septembre ... de 40 à 45 F. par jour. Le petit déjeuner et le service sont compris. Nous pouvons confirmer que nous avons un garage à l'hôtel. Le restaurant est ouvert tous les jours de 12 à 14h30 et de 19 à 23 heures.
   Espérant avoir l'honneur de vous recevoir, nous vous prions de croire, Monsieur, à l'assurance de notre considération la plus distinguée.

Édouard Rivier
Propriétaire

1. Maintenant écrivez la réponse d'Yves à cette lettre. Il veut réserver une chambre au prix donné, à partir du 12 septembre, pour une semaine.
2. Imaginez que vos parents vont vous emmener en vacances en France. Choisissez l'endroit que vous préférez et écrivez à un hôtel pour réserver les chambres nécessaires.

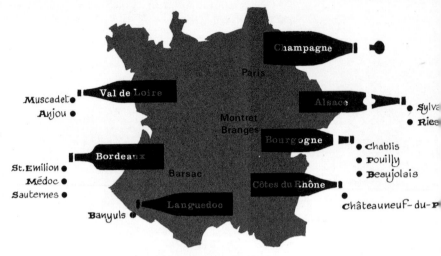

La France est au premier rang pour la production du vin. On fait pousser la vigne dans les sept régions marquées sur la carte à droite. C'est le Languedoc qui fournit le vin de tous les jours, tandis que les autres régions produisent des crus renommés.

Suivons le progrès du raisin de la terre à la table:

1. A la fin de l'été les grappes de raisin mûres sont prêtes à être coupées.

2. Les grappes sont écrasées. Le raisin écrasé tombe dans les cuves, où il passe 24 à 48 heures.

3. On tire le premier jus, puis on passe le raisin au pressoir pour en exprimer tout le jus.

4. Mais le vin n'est pas encore bon à boire. Il passe l'hiver dans des tonneaux jusqu'à ce qu'il devienne clair.

5. Ensuite on met le vin en bouteille, on y colle une étiquette et enfin le vin est prêt à être bu.

6. On n'a qu'a prendre le tire-bouchon, ouvrir la bouteille et verser le vin. A votre santé!

Il y a un proverbe français – un repas sans vin est une journée sans soleil.

 Avec le poisson on boit un vin blanc sec *Muscadet, Pouilly Fuissé …*

 Avec l'entrée on boit un vin rosé. *Rosé d'Anjou …*

Avec la viande on boit un vin rouge. { *Beaujolais, Beaune, Médoc, St Emilion,*

Avec le fromage on boit un vin rouge. { *Châteauneuf-du-Pape*

 Avec les desserts on boit un vin blanc doux. *Sauternes, Château-Yquem*

Et le champagne? On le boit avec n'importe quoi!

Mais il n'y a qu'une seule règle – buvez ce que vous aimez.

PRODUCE OF FRANCE

GRAND VIN

1966

Chateau Fonbadet

PAUILLAC - MÉDOC

APPELLATION PAUILLAC CONTROLÉE

PAVILLACVS

GABRIEL MEFFRE – PROPRIÉTAIRE

L'année est très importante. La qualité du vin varie de région en région et d'année en année.

Le nom du vin

La région

Certains vins portent le nom du village où l'on a préparé le vin et les mots 'Appellation Contrôlée'. Cela veut dire que seuls les vins de cette région ont le droit de se nommer ainsi. Les meilleurs vins portent le nom du château où on les a mis en bouteille.

Le négociant

qu'est-ce que	vous avez?
	c'est?
	vous avez vu?
qu'est-ce qu'	il veut?
	il a fait?

qu'est-ce qui	se passe?
	lui plaît?
	a fait ce bruit?
	est arrivé?
	va arriver?

je sais	ce que	vous avez
Bernard m'a dit		
nous voulons	ce qu'	il veut
je ne sais pas		

nous savons	ce qui	se passe
Pierre m'a dit		lui plaît
je ne sais pas		est arrivé
		a fait ce bruit

Exercice A

Vous n'entendez pas bien ce qu'on vous dit – surtout les mots en italique.
Demandez ce qu'on a dit.

exemples i. *L'horloge* sonne.

Qu'est-ce qui sonne?

ii. J'ai vu *un film*.

Qu'est-ce que vous avez vu?

1. *La porte* se ferme.
2. Il a mangé *son dîner*.
3. J'aime *les romans policiers*.
4. *Le livre* est tombé.
5. *La montre* ne marche pas.
6. Il a lu *mon journal*.
7. Elle a perdu *ses gants*.
8. Ils ont pris *le train de Paris*.
9. *L'appareil* prend de belles photos.
10. *Le train* est arrivé en retard.
11. Elles ont acheté *des disques*.
12. *L'auto* roulait trop vite.

Exercice B

Répondez toujours que vous savez ce qu'on vous dit.

exemples i. Il dit «au revoir».

Je sais ce qu'il dit.

ii. Les films l'intéressent.

Je sais ce qui l'intéresse.

1. J'aime les films.
2. Ils font leurs devoirs.
3. Le disque tourne trop vite.
4. Son accent est bon.
5. Il a dit qu'il partait.
6. Elle voudrait faire une promenade.
7. Elle espérait acheter une robe.
8. Le roman lui plaît.
9. Ils ont pris le train.
10. L'émission commence.
11. Ce jeu m'amuse.
12. Nous avons entendu un disque.

Le grand coup

Vers la fin de juillet, Danielle avait fini son stage. Elle voulait trouver un bon emploi à la télévision, mais il n'était pas du tout facile d'y entrer, parce qu'il y avait trop d'autres candidats qui nourissaient la même ambition. Yves et Danielle ont donc décidé de tourner un film, que Danielle pourrait montrer comme preuve de son talent pour le métier. Elle s'intéressait surtout au genre dramatique; elle a donc demandé la permission à Antoine Briault, c'est à dire à Mme Taubril, d'adapter un de ses romans policiers. Mme Taubril n'a pas hésité; elle a vite vu que, si le film faisait bonne impression, on voudrait peut-être faire toute une série au sujet des aventures du maître criminel, Jean-Claude Vidal de Graville.

Yves et Danielle ont écrit le scénario ensemble et l'oncle Bernard l'a fait copier à son bureau. Marie-Christine, qui était membre d'un cercle dramatique, a persuadé ses amis de jouer tous les rôles dans le film. Le directeur du stage a permis à Danielle de se servir de tout l'équipement dont elle aurait besoin; c'étaient les autres stagiaires qui allaient faire fonctionner la caméra, le magnétophone et les projecteurs.

La mise en scène du film a duré longtemps, mais après cinq semaines le chef d'œuvre a été achevé. Yves a amené son patron, Jean-Pierre Collet, à son appartement, où Danielle avait installé le projecteur.

Jean-Pierre et Yves s'asseyent, Danielle éteint les lumières; le film commence.

1. Pourquoi Danielle a-t-elle éprouvé de la difficulté à trouver un emploi?
2. Pourquoi est-ce qu'elle a décidé de faire un film?
3. Quel genre de film a-t-elle fait?
4. Qui a aidé Danielle?
5. Combien de temps est-ce que Danielle a mis à tourner le film?

1. *Dans l'appartement de Jean-Claude. Le maître criminel parle avec ses camarades, Serge Durand et Gilbert Gros. Tous les trois se sont récemment évadés de prison. Sylvie Breton, jolie blonde de vingt-cinq ans, la petite amie de Jean-Claude, assiste à la discussion.*

GILBERT — Jean-Claude, on a terriblement besoin d'argent. Voilà deux semaines que nous sommes arrivés à Paris et nous n'avons rien fait.

JEAN-CLAUDE — Patience, mon ami. Il faut attendre le moment favorable. Il serait très stupide de tomber de nouveau entre les mains de la police.

SERGE — Mais Gilbert a raison. Il faut faire quelque chose – on ne peut pas vivre sans argent.

SYLVIE — Il serait quand même possible de trouver un emploi honnête, n'est-ce pas?

JEAN-CLAUDE — Sylvie, j'espère que ce n'est pas une proposition sérieuse. Mais je dois vous avouer, mes amis, que j'ai un projet. Bientôt vous aurez tout l'argent que vous pourrez dépenser. J'attends le coup de téléphone d'un ami et puis...

SYLVIE — Tiens, voilà le téléphone qui sonne!

2. *Jean-Claude décroche le récepteur.*

JEAN-CLAUDE — Allô... Ah, c'est toi, Albert... Pour la semaine prochaine?... Jeudi... Tu es sûr?... L'avion de vingt-deux heures... Compris... Merci, au revoir.

SYLVIE — C'est la nouvelle que tu attendais?

JEAN-CLAUDE — Oui, ma belle. Maintenant il faut que nous agissions vite. On a beaucoup de préparatifs à faire. Tout doit être parfait.

SERGE — Mais qu'est-ce qu'on va faire?

JEAN-CLAUDE — C'est très simple; nous allons voler quelques sacs de courrier.

GILBERT — Des sacs de courrier, mais c'est un jeu d'enfants, pas une affaire importante.

JEAN-CLAUDE — Ecoute, mon vieux. Albert vient de me dire que l'avion depuis Toulouse, qui va arriver à Paris jeudi prochain à vingt-deux heures, aura à bord dix sacs remplis de billets de cent francs.

SYLVIE — Mais comment est-ce qu'il a pu savoir ça?

JEAN-CLAUDE — Il a une petite amie qui travaille à la banque. Elle pense qu'Albert est détective, donc elle ne lui cache rien.

SERGE — Je ne vois pas comment nous allons voler ces sacs à bord d'un avion.

JEAN-CLAUDE — Nous les prendrons dans le camion des P. et T. où on les chargera à l'aéroport. Voilà pourquoi il faudra être bien préparé. Nous devrons savoir la route, les habitudes du chauffeur, la durée exacte du trajet et nous aurons à chercher le bon endroit pour notre opération.

3. *Une semaine plus tard, dans le bureau de l'inspecteur Leroux de la Sûreté. Le détective Jeanmaire entre.*

JEANMAIRE — Bonjour, patron. J'ai quelque chose d'assez curieux à vous rapporter.

LEROUX — Eh bien, vas-y.

JEANMAIRE — Vous savez que j'ai passé beaucoup de temps à l'aéroport pendant la semaine dernière, à la suite de quelques vols de valises. Vendredi soir j'ai remarqué une jolie blonde qui avait l'air d'attendre quelqu'un.

LEROUX — Rien d'anormal à cela. Tu remarques toutes les jolies blondes.

JEANMAIRE — Euh, c'est peut-être vrai. Mais celle-ci est partie seule; et elle est revenue samedi et tous les soirs depuis.

LEROUX — Elle part toujours seule?

JEANMAIRE	Hier soir elle n'était pas seule. Elle avait un compagnon qui n'est pas descendu de la voiture. Mais je suis presque certain que c'était Jean-Claude.
LEROUX	De Graville? Ça alors, si tu as raison c'est une affaire sérieuse. Jean-Claude ne s'occupe que des grands vols. A quelle heure est-ce que la blonde a l'habitude de partir?
JEANMAIRE	A vingt-deux heures vingt.
LEROUX	Allons à l'aéroport découvrir ce qui va se passer à cette heure-là.

4. *Une heure plus tard, dans le bureau du directeur de l'Aéropostale.*

LE DIRECTEUR	Je viens d'apprendre que ce soir il y aura au moins dix millions de francs en billets de cent francs à bord de l'avion qui vient de Toulouse.
LEROUX	Quelles précautions avez-vous prises?
LE DIRECTEUR	Mais personne ne sait que cet argent sera à bord, à l'exception de nos employés et de ceux de la banque.
LEROUX	Vous avez tort, monsieur. Nous croyons qu'un criminel très dangereux est aussi au courant. Heureusement, le détective Jeanmaire n'a pas les yeux dans sa poche, du moins quand il s'agit d'une jolie blonde.
JEANMAIRE	Qu'est-ce que nous allons faire, patron?
LEROUX	Nous allons donner une petite surprise-partie pour Jean-Claude...

5. *Un endroit désert. Vingt-deux heures trente. La route est barrée; un panneau indique qu'on a détourné la route à cause de travaux. Jean-Claude et sa bande, le visage couvert d'un bas, attendent, cachés dans le fossé.*

SERGE	J'entends un moteur.
GILBERT	Et voilà des phares.
JEAN-CLAUDE	Bon, c'est le camion des Postes. Vous savez tous que faire.
	(*Le camion s'arrête*)
JEAN-CLAUDE	Vite, ouvrez les portières de derrière.
GILBERT	Voilà, c'est fait! Oh, il y a des flics dedans! Sauvez-vous!
LEROUX	Halte-là, mes amis! Vous êtes entourés, inutile de courir.
JEAN-CLAUDE	Peste! Comment avez-vous découvert nos plans?
LEROUX	Vous avez trop bien fait vos préparatifs, mon ami. D'ailleurs, votre petite amie est trop belle. Elle a attiré l'attention d'un de mes détectives.
JEAN-CLAUDE	Tant pis! Ça ira mieux une autre fois.

Questions

1a. Pourquoi Gilbert veut-il faire quelque chose?
 b. Qu'est-ce que Sylvie propose?
 c. Pourquoi est-ce que Jean-Claude n'a rien fait jusqu'à ce moment?

2a. Qu'est-ce qu'Albert dit à Jean-Claude?
 b. Quels préparatifs faut-il faire pour le vol?

3a. Qu'est-ce que Jeanmaire faisait à l'aéroport?
 b. Qu'est-ce que Sylvie devait faire là, à votre avis?
 c. Pourquoi Leroux prend-il la nouvelle au sérieux?

4a. Est-ce que le directeur de l'Aéropostale aurait dû prendre des précautions?

5a. Qu'est-ce que les escrocs s'attendaient à trouver dans le camion?
 b. Qu'est-ce qu'ils y ont trouvé en fait?

Exercice 1

Dites qui se sert des choses suivantes et pour quoi faire.

un carnet	une caméra	un appareil	un aspirateur
un ballon	un tableau noir	un plateau	un sifflet

Exercice 2

exemple Je me suis levé tard. J'ai manqué le train.
  Si vous ne vous étiez pas levé tard, vous n'auriez pas manqué le train.

1. Il ne savait pas qu'elle venait le voir. Il est sorti.
2. Elle ne s'est pas dépêchée. Elle n'a pas vu l'émission.
3. Ils n'ont pas fait attention. Ils sont tombés.
4. Il n'a pas fermé la porte à clef. On lui a volé sa montre.
5. J'ai oublié la carte. Je me suis perdu.
6. Je n'ai pas fait attention. Je me suis trompé.
7. Je suis resté longtemps au lit. Je suis arrivé en retard.
8. Vous avez eu de la chance. Vous avez trouvé votre porte-feuille.
9. Vous n'aviez pas vérifié le moteur. Vous êtes tombé en panne.
10. Vous vous êtes arrêté pour parler avec Georges. Vous êtes arrivé trop tard.

Compositions

1. Ecrivez l'histoire du grand coup pour *Jeune Paris*.
2. Jean-Claude s'est évadé de la prison encore une fois. Un reporter vient d'interviewer des gens qui ont des informations. Voici ses notes.

Maintenant écrivez l'article.

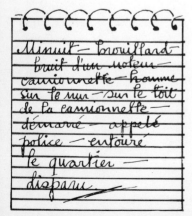

Minuit — brouillard —
bruit d'un moteur —
camionnette — homme
sur le mur — sur le toit
de la camionnette —
démarré — appelé
police — entouré
le quartier —
disparu.

Le Passe-Muraille

Le Passe-Muraille

12

Monsieur Dutilleul (surnommé Garou-Garou) découvrit à l'âge de 43 ans q.. il possédait le pouvoir de passer à travers les murs. Après plusieurs aventures il fut mis en prison...

Pour un homme qui passe à travers les murs, il n'y a point de carrière un peu poussée s'il n'a tâté au moins une fois de la prison. Lorsque Dutilleul pénétra dans les locaux de la Santé, il eut l'impression d'être gâté par le sort. L'épaisseur des murs était pour lui un véritable régal. Le lendemain même de son incarcération, les gardiens découvrirent avec stupeur que le prisonnier avait planté un clou dans le mur de sa cellule et qu'il y avait accroché une montre en or appartenant au directeur de la prison. Il ne put ou ne voulut révéler comment cet objet était entré en sa possession. La montre fut rendu à son propriétaire, et, le lendemain, retrouvée au chevet de Garou-Garou avec le tome premier des *Trois mousquetaires* emprunté à la bibliothèque du directeur. Le personnel de la Santé était sur les dents. Les gardiens se plaignaient en outre de recevoir des coups de pied dans le derrière, dont la provenance était inexplicable. Il semblait que les murs eussent, non plus des oreilles, mais des pieds. La détention de Garou-Garou durait depuis une semaine, lorsque le directeur de la Santé, en pénétrant un matin dans son bureau, trouva sur sa table la lettre suivante :

«Monsieur le directeur : Me reportant à notre entretien du 17 courant et, pour mémoire, à vos instructions générales du 15 mai de l'année dernière, j'ai l'honneur de vous informer que je viens d'achever la lecture du second tome des *Trois mousquetaires* et que je compte m'évader cette nuit entre onze heures vingt-cinq et onze heures trente-cinq. Je vous prie, monsieur le directeur, d'agréer l'expression de mon profond respect. Garou-Garou.»

Malgré l'étroite surveillance dont il fut l'objet cette nuit-là, Dutilleul s'évada à onze heures trente. Connue du public le lendemain matin, la nouvelle souleva partout un enthousiasme magnifique. Cependant, ayant effectué un nouveau cambriolage qui mit le comble à sa popularité, Dutilleul semblait peu soucieux de se cacher et circulait à travers Montmartre sans aucune précaution. Trois jours après son évasion, il fut arrêté rue Caulaincourt au café du Rêve, un peu avant midi, alors qu'il buvait un vin blanc citron avec des amis.

Reconduit à la Santé et enfermé au triple verrou dans un cachot ombreux, Garou-Garou s'en échappa le soir même et alla coucher à l'appartement du directeur, dans la chambre d'ami. Le lendemain matin, vers neuf heures, il sonnait la bonne pour avoir son petit déjeuner et se laissait cueillir au lit, sans résistance, par les gardiens alertés. Outré, le directeur établit un poste de garde à la porte de son cachot et le mit au pain sec. Vers midi, le prisonnier s'en fut déjeuner dans un restaurant voisin de la prison et, après avoir bu son café, téléphona au directeur...

Marcel Aymé (né en 1902) *Le Passe-Muraille* Editions Gallimard

Composition: Et quoi encore?

Regular Verbs

A — -ER · INFINITIF : **donner**

		PRESENT	IMPARFAIT	FUTUR	CONDITIONNEL	PASSE SIMPLE	PRESENT DU SUBJONCTIF
PARTICIPE PRESENT donn**ant**	je	donn**e**	donn**ais**	donner**ai**	donner**ais**	donn**ai**	donn**e**
	tu	**es**	**ais**	**as**	**ais**	**as**	**es**
	il	**e**	**ait**	**a**	**ait**	**a**	**e**
	elle	**e**	**ait**	**a**	**ait**	**a**	**e**
IMPERATIF donn**e**	nous	**ons**	**ions**	**ons**	**ions**	**âmes**	**ions**
donn**ons**	vous	**ez**	**iez**	**ez**	**iez**	**âtes**	**iez**
donn**ez**	ils	**ent**	**aient**	**ont**	**aient**	**èrent**	**ent**
	elles	**ent**	**aient**	**ont**	**aient**	**èrent**	**ent**

		PASSE COMPOSE		PLUS-QUE-PARFAIT		FUTUR ANTERIEUR		CONDITIONNEL ANTERIEUR	
PARTICIPE PASSE donné	j'	ai	donné	av**ais**	donné	aur**ai**	donné	aur**ais**	donné
	tu	as		**ais**		**as**		**ais**	
	il	a		**ait**		**a**		**ait**	
	elle	a		**ait**		**a**		**ait**	
	nous	avons		**ions**		**ons**		**ions**	
	vous	avez		**iez**		**ez**		**iez**	
	ils	ont		**aient**		**ont**		**aient**	
	elles	ont		**aient**		**ont**		**aient**	

B — -IR · INFINITIF : **finir**

		PRESENT	IMPARFAIT	FUTUR	CONDITIONNEL	PASSE SIMPLE	PRESENT DU SUBJONCTIF
PARTICIPE PRESENT fin**issant**	je	fin**is**	fin**issais**	finir**ai**	finir**ais**	fin**is**	fin**isse**
	tu	**is**	**ais**	**as**	**ais**	**is**	**es**
	il	**it**	**ait**	**a**	**ait**	**it**	**e**
	elle	**it**	**ait**	**a**	**ait**	**it**	**e**
IMPERATIF fin**is**	nous	**issons**	**ions**	**ons**	**ions**	**îmes**	**ions**
fin**issons**	vous	**issez**	**iez**	**ez**	**iez**	**îtes**	**iez**
fin**issez**	ils	**issent**	**aient**	**ont**	**aient**	**irent**	**ent**
	elles	**issent**	**aient**	**ont**	**aient**	**irent**	**ent**

		PASSE COMPOSE		PLUS-QUE-PARFAIT		FUTUR ANTERIEUR		CONDITIONNEL ANTERIEUR	
PARTICIPE PASSE fin**i**	j'	ai	fini	av**ais**	fini	aur**ai**	fini	aur**ais**	fini
	tu	as		**ais**		**as**		**ais**	
	il	a		**ait**		**a**		**ait**	
	elle	a		**ait**		**a**		**ait**	
	nous	avons		**ions**		**ons**		**ions**	
	vous	avez		**iez**		**ez**		**iez**	
	ils	ont		**aient**		**ont**		**aient**	
	elles	ont		**aient**		**ont**		**aient**	

C — -RE · INFINITIF : **vendre**

		PRESENT	IMPARFAIT	FUTUR	CONDITIONNEL	PASSE SIMPLE	PRESENT DU SUBJONCTIF
PARTICIPE PRESENT vend**ant**	je	vend**s**	vend**ais**	vendr**ai**	vendr**ais**	vend**is**	vend**e**
	tu	**s**	**ais**	**as**	**ais**	**is**	**es**
	il		**ait**	**a**	**ait**	**it**	**e**
	elle		**ait**	**a**	**ait**	**it**	**e**
IMPERATIF vend**s**	nous	**ons**	**ions**	**ons**	**ions**	**îmes**	**ions**
vend**ons**	vous	**ez**	**iez**	**ez**	**iez**	**îtes**	**iez**
vend**ez**	ils	**ent**	**aient**	**ont**	**aient**	**irent**	**ent**
	elles	**ent**	**aient**	**ont**	**aient**	**irent**	**ent**

		PASSE COMPOSE		PLUS-QUE-PARFAIT		FUTUR ANTERIEUR		CONDITIONNEL ANTERIEUR	
PARTICIPE PASSE vend**u**	j'	ai	vendu	av**ais**	vendu	aur**ai**	vendu	aur**ais**	vendu
	tu	as		**ais**		**as**		**ais**	
	il	a		**ait**		**a**		**ait**	
	elle	a		**ait**		**a**		**ait**	
	nous	avons		**ions**		**ons**		**ions**	
	vous	avez		**iez**		**ez**		**iez**	
	ils	ont		**aient**		**ont**		**aient**	
	elles	ont		**aient**		**ont**		**aient**	

D Verbs of motion conjugated with 'être'

INFINITIF: **aller**								
	PASSE COMPOSE		**PLUS-QUE-PARFAIT**		**FUTUR ANTERIEUR**		**CONDITIONNEL ANTERIEUR**	
je (j')	suis	all**é(e)**	étais	all**é(e)**	serai	all**é(e)**	serais	all**é(e)**
tu	es	**é(e)**	ais	**é(e)**	as	**é(e)**	ais	**é(e)**
il	est	**é**	ait	**é**	a	**é**	ait	**é**
elle	est	**ée**	ait	**ée**	a	**ée**	ait	**ée**
nous	sommes	**é(e)s**	ions	**é(e)s**	ons	**é(e)s**	ions	**é(e)s**
vous	êtes	**é(e)(s)**	iez	**é(e)(s)**	ez	**é(e)(s)**	iez	**é(e)(s)**
ils	sont	**és**	aient	**és**	ont	**és**	aient	**és**
elles	sont	**ées**	aient	**ées**	ont	**ées**	aient	**ées**

like	**arriver**	**monter**	**partir**	**sortir**	
aller	**descendre**	**mourir**	**rester**	**tomber**	
	entrer	**naître**	**retourner**	**venir** and **compounds**	

N.B. these verbs and their compounds are conjugated with avoir when they have a direct object: **descendre; entrer; monter; sortir.**

E Reflexive verbs

INFINITIF: **se laver**													
	PRESENT			**FUTUR**			**PASSE COMPOSE**				**PLUS-QUE-PARFAIT**		
je	me	lav**e**		me	laver**ai**		je	me	suis	lav**é(e)**	je	m'	étais lav**é(e)**
tu	te	**es**		te	**as**		tu	t'	es	**é(e)**	tu	t'	ais **é(e)**
il	se	**e**		se	**a**		il	s'	est	**é**	il	s'	ait **é**
elle	se	**e**		se	**a**		elle	s'	est	**ée**	elle	s'	ait **ée**
nous nous		**ons**		nous	**ons**		nous nous		sommes	**é(e)s**	nous nous		ions **é(e)s**
vous vous		**ez**		vous	**ez**		vous vous		êtes	**é(e)(s)**	vous vous		iez **é(e)(s)**
ils	se	**ent**		se	**ont**		ils	se	sont	**és**	ils	s'	aient **és**
elles	se	**ent**		se	**ont**		elles	se	sont	**ées**	elles	s'	aient **ées**

PARTICIPE PRESENT me lavant etc.

IMPERATIF lave-toi lavons-nous lavez-vous

F -ER verbs with stem changes

i) acheter requires **è** when the following syllable contains mute **e**.

PRESENT (INDICATIF ET SUBJONCTIF)	FUTUR ET CONDITIONNEL	
j'ach**è**te	j'ach**è**terai	j'ach**è**terais
tu ach**è**tes	tu ach**è**teras	tu ach**è**terais
il ach**è**te	il ach**è**tera	il ach**è**terait
	nous ach**è**terons	nous ach**è**terions
	vous ach**è**terez	vous ach**è**teriez
ils ach**è**tent	ils ach**è**teront	ils ach**è**teraient

like **acheter: lever; mener; semer;** and **compounds.**

ii) appeler requires **ll** when the following syllable contains mute **e**.

PRESENT (INDICATIF ET SUBJONCTIF)	FUTUR ET CONDITIONNEL	
j'appe**ll**e	j'appe**ll**erai	j'appe**ll**erais
tu appe**ll**es	tu appe**ll**eras	tu appe**ll**erais
il appe**ll**e	il appe**ll**era	il appe**ll**erait
	nous appe**ll**erons	nous appe**ll**erions
	vous appe**ll**erez	vous appe**ll**eriez
ils appe**ll**ent	ils appe**ll**eront	ils appe**ll**eraient

like **appeler: jeter** and **compounds.**

iii) espérer requires **è** before mute endings.

PRESENT (INDICATIF ET SUBJONCTIF)
j'esp**è**re
tu esp**è**res
il esp**è**re
ils esp**è**rent

like **espérer: considérer; différer; s'inquiéter; libérer; pénétrer; protéger; régler; répéter; révéler; sécher.**

iv) nettoyer requires **i** before a syllable containing mute **e**.

PRESENT (INDICATIF ET SUBJONCTIF)	FUTUR ET CONDITIONNEL	
je netto**i**e	je netto**i**erai	je netto**i**erais
tu netto**i**es	tu netto**i**eras	tu netto**i**erais
il netto**i**e	il netto**i**era	il netto**i**erait
	nous netto**i**erons	nous netto**i**erions
	vous netto**i**erez	vous netto**i**eriez
ils netto**i**ent	ils netto**i**eront	ils netto**i**eraient

like **nettoyer: employer; envoyer** (futur **j'enverrai**)**; appuyer; ennuyer; essuyer.**

In verbs ending in **-ayer**, e.g. **essayer, payer,** the change is optional: je pa**i**e or je pa**y**e.

v) manger requires **ge** before **o** or **a**

e.g. PRESENT (INDICATIF)	IMPARFAIT	PASSE SIMPLE
nous man**ge**ons	je man**ge**ais	je man**ge**ai

like **manger: bouger; changer; charger; déranger; diriger; loger; nager; obliger; protéger; ranger.**

vi) commencer requires **ç** before **o** or **a**

e.g. PRESENT (INDICATIF)	IMPARFAIT	PASSE SIMPLE
nous commen**ç**ons	je commen**ç**ais	je commen**ç**ai

like **commencer: annoncer; avancer; lancer; menacer; prononcer; remplacer.**

G Common irregular verbs

Other verbs which follow the same pattern as a verb in this table are indicated in the vocabulary.

INFINITIF ET PARTICIPE PRESENT	IMPERATIF	PRESENT	IMPARFAIT	FUTUR ET CONDITIONNEL	PASSE SIMPLE	PRESENT DU SUBJONCTIF	PASSE COMPOSE
aller allant	**va** allons allez	**vais** allons **vas** allez **va vont**	allais	**irai** **irais**	allai	**aille** allons **ailles** alliez **aille aillent**	suis allé(e)
s'asseoir asseyant	assieds-toi asseyons-nous asseyez-vous	**assieds asseyons** **assieds asseyez** **assied asseyent**	asseyais	**assiérai** **assiérais**	assis	asseye asseyions asseyes asseyiez asseye asseyent	suis **assis**(e)
avoir ayant	**aie** **ayons** **ayez**	**ai** avons **as** avez **a ont**	avais	**aurai** **aurais**	eus	**aie ayons** **aies ayez** **ait aient**	ai **eu**
boire buvant	bois buvons buvez	bois **buvons** bois **buvez** boit **boivent**	buvais	boirai boirais	**bus**	boive buvions boives buviez boive boivent	ai **bu**
conduire conduisant	conduis conduisons conduisez	conduis **conduisons** conduis **conduisez** conduit **conduisent**	conduisais	conduirai conduirais	**conduisis**	conduise conduisions conduises conduisiez conduise conduisent	ai **conduit**
connaitre connaissant	connais connaissons connaissez	**connais connaissons** **connais connaissez** **connaît connaissent**	connaissais	connaîtrai connaîtrais	**connus**	connaisse connaissions connaisses connaissiez connaisse connaissent	ai **connu**
courir courant	cours courons courez	**cours courons** **cours courez** **court courent**	courais	**courrai** **courrais**	**courus**	coure courions coures couriez coure courent	ai **couru**
craindre craignant	crains craignons craignez	**crains craignons** **crains craignez** **craint craignent**	craignais	craindrai craindrais	**craignis**	craigne craignions craignes craigniez craigne craignent	ai **craint**
croire croyant	crois croyons croyez	crois croyons crois croyez croit croient	croyais	croirai croirais	**crus**	croie croyions croies croyiez croie croient	ai **cru**
devoir devant	dois devons devez	**dois** devons **dois** devez **doit doivent**	devais	**devrai** **devrais**	**dus**	doive devions doives deviez doive doivent	ai **dû**
dire disant	dis disons dites	dis **disons** dis **dites** dit **disent**	disais	dirai dirais	**dis**	dise disions dises disiez dise disent	ai **dit**
dormir dormant	dors dormons dormez	**dors dormons** **dors dormez** **dort dorment**	dormais	dormirai dormirais	dormis	dorme dormions dormes dormiez dorme dorment	ai dormi
écrire écrivant	écris écrivons écrivez	écris **écrivons** écris **écrivez** écrit **écrivent**	écrivais	écrirai écrirais	**écrivis**	écrive écrivions écrives écriviez écrive écrivent	ai **écrit**
s'enfuir enfuyant	enfuis-toi enfuyons-nous enfuyez-vous	enfuis **enfuyons** enfuis **enfuyez** enfuit **enfuient**	enfuyais	enfuirai enfuirais	enfuis	enfuie enfuyions enfuies enfuyiez enfuie enfuient	suis enfui(e)
envoyer envoyant	envoie envoyons envoyez	envoie envoyons envoies envoyez envoie envoient	envoyais	**enverrai** **enverrais**	envoyai	envoie envoyions envoies envoyiez envoie envoient	ai envoyé
être étant	**sois** **soyons** **soyez**	**suis sommes** **es êtes** **est sont**	**étais**	serai serais	**fus**	**sois soyons** **sois soyez** **soit soient**	ai **été**
faire faisant	fais faisons faites	fais **faisons** fais **faites** fai **font**	faisais	**ferai** **ferais**	**fis**	**fasse fassions** **fasses fassiez** **fasse fassent**	ai **fait**
falloir	—	il **faut**	il fallait	il **faudra** il **faudrait**	il **fallut**	il **faille**	il a **fallu**
lire lisant	lis lisons lisez	lis **lisons** lis **lisez** lit **lisent**	lisais	lirai lirais	**lut**	lise lisions lises lisiez lise lisent	ai **lu**

Other verbs which follow the same pattern as a verb in this table are indicated in the vocabulary.

INFINITIF ET PARTICIPE PRESENT	IMPERATIF	PRESENT	IMPARFAIT	FUTUR ET CONDITIONNEL	PASSE SIMPLE	PRESENT DU SUBJONCTIF	PASSE COMPOSE
mettre mettant	mets mettons mettez	**mets** mettons **mets** mettez **met** mettent	mettais	mettrai mettrais	**mis**	mette mettons mettes mettiez mette mettent	ai **mis**
ouvrir ouvrant	ouvre ouvrons ouvrez	**ouvre ouvrons** **ouvres ouvrez** **ouvre ouvrent**	ouvrais	ouvrirai ouvrirais	ouvris	ouvre ouvrions ouvres ouvriez ouvre ouvrent	ai **ouvert**
plaire plaisant	plais plaisons plaisez	plais **plaisons** plais **plaisez** **plaît plaisent**	plaisais	plairai plairais	**plus**	plaise plaisions plaises plaisiez plaise plaisent	ai **plu**
pleuvoir pleuvant	—	il **pleut**	il pleuvait	il **pleuvra** il **pleuvrait**	il **plut**	il pleuve	il a **plu**
pouvoir pouvant	—	**peux** pouvons **peux** pouvez **peut peuvent** (N.B. **puis-je**)	pouvais	**pourrai** **pourrais**	pus	**puisse puissions** **puisses puissiez** **puisse puissent**	ai **pu**
prendre prenant	prends prenons prenez	prends **prenons** prends **prenez** prend **prennent**	prenais	prendrai prendrais	**pris**	prenne prenions prennes preniez prenne prennent	ai **pris**
recevoir recevant	reçois recevons recevez	**reçois** recevons **reçois** recevez **reçoit reçoivent**	recevais	**recevrai** **recevrais**	**reçus**	reçoive recevions reçoives receviez reçoive reçoivent	ai **reçu**
rire riant	ris rions riez	ris rions ris riez rit rient	riais (N.B. riions riiez)	rirai rirais	ris	rie riions ries riiez rie rient	ai **ri**
savoir sachant	**sache** **sachons** **sachez**	**sais** savons **sais** savez **sait** savent	savais	**saurai** **saurais**	**sus**	**sache sachions** **saches sachiez** **sache sachent**	ai **su**
sortir sortant	sors sortons sortez	**sors sortons** **sors sortez** **sort sortent**	sortais	sortirai sortirais	sortis	sorte sortions sortes sortiez sorte sortent	suis sorti(e)
suivre suivant	suis suivons suivez	**suis suivons** **suis suivez** **suit suivent**	suivais	suivrai suivrais	suivis	suive suivions suives suiviez suive suivent	ai **suivi**
vaincre vainquant	vaincs vainquons vainquez	vaincs vainquons vaincs vainquez vainc vainquent	vainquais	vaincrai vaincrais	vainquis	vainque vainquions vainques vainquiez vainque vainquent	ai vaincu
valoir valant	—	il **vaut**	il valait	il **vaudra** il **vaudrait**	il **valut**	il **vaille**	il a **valu**
venir venant	viens venons venez	**viens venons** **viens venez** **vient viennent**	venais	**viendrai** **viendrais**	vins	vienne venions viennes veniez vienne viennent	suis **venu**(e)
vivre vivant	vis vivons vivez	vis vivons vis vivez vit vivent	vivais	vivrai vivrais	**vécus**	vive vivions vives viviez vive vivent	ai **vécu**
voir voyant	vois voyons voyez	**vois voyons** **vois voyez** **voit voient**	voyais	**verrai** **verrais**	vis	voie voyions voies voyiez voie voient	ai **vu**
vouloir voulant	**veuille** **veuillons** **veuillez**	veux voulons veux voulez veut veulent	voulais	**voudrai** **voudrais**	voulus	**veuille** voulions **veuilles** vouliez **veuille veuillent**	ai **voulu**

Vocabulaire

The vocabulary contains all but the simplest words and words which are spelt the same in French and English.

The numbers after the English meaning indicate the unit in which the word first occurs. If no number is given the word has been re-introduced from Stages 1, 2 and A3. JP = *Jeune Paris*

abattre, to depress (5) [like *mettre*]
d'abord, first, at first
aux **abords de,** alongside (JP1)
abordable, within reach (6)
aboutir, to end (JP1)
abrégé(e), shortened (5)
un **abri,** shelter (JP2)
se mettre à l'—, to take shelter (10)
s'abriter, to shelter (10)
les **accessoires,** *m pl,* accessories (6)
accompagner, to go with
accomplir, to accomplish (8)
d'accord, I agree, all right
être d'—, to be in agreement
accrocher, to hang (12)
l'**accroissement,** *m,* growth (JP3)
un **accueil,** reception (JP1)
accueillir, to welcome (4)
achats, faire des —, to do some shopping
acheter, to buy [see Verb Tables]
un **acheteur,** buyer (6)
achever, to finish (JP3) [like *acheter*]
acquitter, to endorse (5)
un **acteur,** actor
actif; active, active (JP2)
les **actualités,** *m pl,* news
actuel(le), present (4)
actuellement, at present (JP1)
une **addition,** bill
adieu, goodbye (5)
admettre, to admit (7) [like *mettre*]
admirablement, admirably
une **adresse,** address
s'adresser à, to apply to, to address (8)
aérien(ne), aerial (JP2)
une **aérogare,** air terminal (JP1)
un **aéroport,** airport (JP1)
l'**aéropostale,** air mail service (12)
un **aérotrain,** hovertrain (JP1)
les **affaires,** *f pl,* things, business
le centre d'—, business centre (JP1)
un homme d'—, businessman (7)
une **affiche,** notice
affluence, les heures d'—, rush hour (1)
l'**Afrique,** *f,* Africa (5)
âgé(e), old
une **agence immobilière,** estate agency (1)
un **agent,** policeman
un — **secret,** secret agent
une **agglomération,** built-up area (JP3)
agir, to act (6)
il s'**agit de,** it is a question of
s'agrandir, to grow (4)
agréable, pleasant
agricole, agricultural (5)
aider, to help
d'**ailleurs,** moreover
aimable, kind, nice
aimer, to like, to love

aîné(e), older, eldest
ainsi, thus
l'**air,** *m,* air
en plein —, in the open air
avoir l'—, to seem
d'un — **étonné,** in astonishment
ajouter, to add
alerté(e), alerted (12)
Alger, Algiers (5)
l'**Allemagne,** *f,* Germany
allemand(e), German
aller, to go [see Verb Tables]
— **chercher,** to fetch, to go and meet, to go and find
— **mieux,** to be better
— **à la pêche,** to go fishing
allô! hello! (on telephone)
allumer, to switch on, to light
une **allumette,** match
alors, then, so
— **que,** when (JP2)
alpinisme, *m,* **faire de l'—,** to climb (JP2)
un(e) **alpiniste,** climber (10)
amarrer, to moor (JP1)
une **ambassade,** embassy (9)
l'**Amérique,** *f,* America (5)
l'**amour,** *m,* love (JP2)
une **ampoule,** blister (JP1)
amusant(e), amusing, enjoyable (4)
s'amuser, to enjoy oneself
un **an,** year
ancien(ne), old, former
un **âne,** donkey, (JP1)
une **angine,** tonsillitis
anglais(e), English
un **Anglais,** Englishman
l'**Angleterre,** *f,* England
un **animal,** (*pl* **animaux**), animal
animé(e), busy, crowded (JP2)
une **année,** year
un **anniversaire,** anniversary, birthday
une **annonce,** advertisement
annoncer, to announce (JP1) [like *commencer*]
anonyme, anonymous (5)
anormal(e), abnormal (12)
antenne, prendre l'—, to be on the air (10)
anxieusement, anxiously (10)
août, August
(s')**apercevoir,** to notice (JP2) [like *recevoir*]
un **appareil,** camera
un — **à sous,** slot machine (1)
un **appartement,** flat
appartenir, to belong (12) [like *venir*]
appeler, to call [see Verb Tables]
s'—, to be called
les **applaudissements,** *m pl.,* applause (6)
appliqué(e), diligent (8)

apporter, to bring
apprécier, to appreciate (JP1)
apprendre, to learn [like *prendre*]
(s')**approcher (de),** to approach
appuyer, to press [like *essuyer*]
après, after
— **-demain,** the day after tomorrow
d'—, according to (10)
un **arbre,** tree
l'**argent,** *m,* money
une **arme,** weapon (4)
une **armée,** army (JP2)
une **armoire,** cupboard
arracher, to pull out (3), to snatch (4), to tear (5)
arrangera, cela s'—, it will be all right (9)
une **arrestation,** arrest
un **arrêt (d'autobus),** bus stop
un — **d'urgence,** emergency stop (5)
(s')**arrêter,** to stop, to arrest
arrière, le siège —, back seat (2)
l'**arrivée,** *f,* arrival
arriver, to arrive, to happen
un **arrondissement,** district (JP1)
un **arrosoir,** watering-can (JP3)
un **ascenseur,** lift
une **ascension,** climb (10)
un **aspirateur,** vacuum cleaner
assassiner, to kill
s'asseoir, to sit down [see Verb Tables]
assez, fairly, quite
— **de,** enough
une **assiette,** plate
assis(e), être —, to be sitting
assister à, to attend, to be present at, to go to
assurer, to assure, to ensure
un **atelier,** workshop (10)
l'**Atlantique,** *m,* Atlantic (JP2)
attacher, to tie (10)
attaquer, to attack
atteindre, to reach (JP2) [like *craindre*]
attendre, to wait (for), to expect (4)
attention! look out!
faire —, to be careful
à l'— **de,** for the attention of
atterrir, to land (5)
attirer, to attract (4)
un **attrait,** attraction
attraper, to catch
une **auberge de jeunesse,** youth hostel
aucun(e), any, no, not any
l'**auditoire,** *m,* audience (6)
aujourd'hui, today
auparavant, previously
aussi, also, too
aussitôt, at once
autant de, as many (JP2)
d'— **plus de,** all the more (JP1)

un auteur, author (5)
une auto(mobile), car
un autocar, motor-coach
l'automne, *m,* Autumn
  en —, in Autumn
une autoroute, motorway   [(JP2)
autostop, faire de l'—, to hitch-hike
autour de, around
autre, other
  — chose, something else
autrefois, formerly (1)
autrement que, other than (2)
l'Autriche, *f,* Austria
un auvent, canopy (1)
avance, à l'—, in advance
(s')avancer, to go forward [like *commencer*]
avant (de), before
avant-hier, the day before yesterday
un avantage, advantage (5)
avec, with
l'avenir, *m,* future (JP3)
un avion, plane
un avis, notice, opinion (3)
  à l'— de, in the opinion of
  changer d'—, to change one's mind
l'avoine, *f,* oats (JP2)
avoir, to have [see Verb Tables]
  — l'air, to seem
  — besoin de, to need
  — chaud, to be warm, hot
  — le droit de, to be entitled to
  — envie de, to want to (2)
  — faim, to be hungry
  — froid, to be cold
  — l'habitude de, to be in the habit of
  — honte, to be ashamed
  — l'intention de, to intend (to)
  — lieu, to take place,
  — du mal (à), to have difficulty
    (in) (1)
  — peur, to be afraid
  — raison, to be right
  — soif, to be thirsty
  — tort, to be wrong (12)
avouer, to confess (12)
avril, April
ayant, having (3)

b

le baccalauréat, a school-leaving
  certificate (8)
les bagages, *m pl,* luggage
la bagarre, scuffle (9)
se baigner, to bathe
le bain, bath
  prendre un —, to have a bath
  la salle de —(s), bathroom
baisser, to lower (11)
le balai, brush, broom (1)
balayer, to sweep (JP1) [like *essayer*]
le balcon, balcony (9)
la banane, banana
le banc, bench (8)
la bande, gang, tape (4)
la banlieue, suburbs (6)

la banque, bank
la barbe, beard
  barbu, bearded (9)
la barre, bar
  barrer, to block
le barreau, bar (of cage) (3)
bas; basse, low
  en —, downstairs, at the bottom
la basilique, basilica (JP1)
le bassin, basin (10)
la bataille, battle
le bateau, boat
  faire une promenade en —, to
    take a boat trip
le bateau-mouche, pleasure boat (JP1)
le bâtiment, building (1)
  bâtir, to build (JP2)
le bâton, stick
la batterie, battery
  battre, to beat [like *mettre*]
  (se) —, to fight
bavarder, to gossip
beau (bel); belle, beautiful
  il fait —, the weather is fine
beaucoup, very much, many
  — de, a lot of
la beauté, beauty
la bêche, spade (JP3)
  bêcher, to dig (JP3)
un(e)Belge, Belgian (5)
la Belgique, Belgium
le besoin, need (5)
  avoir — de, to need
  bête, silly
la bête, beast (3)
la bêtise, stupidity (5)
le beurre, butter
la bibliothèque, library, bookcase
le Bidonville, shanty town (JP3)
  bien, well
  — des, many
  — entendu, of course
  — sûr, of course
bientôt, soon
bienvenue, welcome
la bière, beer
le bijou (*pl* **bijoux),** jewel (9)
la bijouterie, jeweller's shop (9)
le billet, ticket, note   [ticket
  un — (d')aller-(et) retour, return
le bistrot, cafe (9)
  bizarre, strange
blanc; blanche, white
blessé(e), injured
bleu(e), blue
bloquer, to block (10)
le blouson, windcheater
boire, to drink [see Verb Tables]
le bois, wood
la boisson, drink
la boîte (de conserve), box, (tin)
  la — de nuit, night-club
  bon; bonne, good
  bon à boire, fit to drink (11)
  bonne chance! good luck!
le bonheur, happiness (JP2)

la bonne, maid (12)
  bord, à — (de), on board (12)
  au — de, beside (2)
  au — de la mer, at (to) the seaside
  bordé(e) (de), lined (with) (9)
la botte, bunch (7)
la bouche, mouth
le boucher, butcher
la boucherie, butcher's shop
  bouger, to move (3) [like *manger*]
le boulanger, baker
la boulangerie, baker's shop (JP3)
le boulevard, boulevard
  bouleversé(e), thrown into confusion
le bouquiniste, book-dealer
la bousculade, bustle (JP1)
  bout, au — de, after (of time), at the
    end of (1)
la bouteille, bottle
la boutique, shop (1)
le bouton, button
le brancard, stretcher (10)
le bras, arm
  brave, fine
  bref, 'to cut a long story short' (1)
  —; brève, brief (3)
la Bretagne, Brittany
  bricoler, to potter
le brigand, bandit (4)
  brillant(e), bright, brilliant (3)
la brique, brick (JP1)
le briquet, cigarette lighter   [tee
se brosser les dents, to brush one's
la brouette, wheelbarrow (5)
le brouillard, fog
  il fait du —, it is foggy
le bruit, noise
  brûler, to burn (JP1)
  Bruxelles, Brussels
  bruyant(e), noisy
le bulletin, report (8)
le bureau, office, desk

c

la cabine téléphonique, call-box
(se)cacher, to hide
le cachot, dungeon, cell (7)
le cadeau (*pl* **cadeaux),** present
  le — de noces, wedding present (4
un café-crème, white coffee
le Caire, Cairo (5)
la caisse, cash desk, box, packing case (5
le calme, peace (JP3)
(se)calmer, to calm (down)
un(e)camarade, friend
un cambriolage, burglary (12)
le cambrioleur, burglar
le camelot, hawker (1)
la caméra, cine-camera
le camion, lorry
  en —, by lorry
la camionnette, van
le campagnard, country-dweller (JP3)

la campagne, country(side)
    à la —, in the country
le camping, campsite, camping
    faire du —, to go camping
un(e) Canadien(ne), Canadian (5)
le candidat, candidate (8)
le canon, cannon (7)
le caoutchouc, rubber
    un fil de —, rubber band (8)
le capitaine, captain (4)
    car, for, because
le car, motor-coach
le caractère, character
la caravane, caravan
    la — de secours, rescue party (10)
le carnet de tickets, book of tickets
le carrefour, crossroads (1)
la carrière, career (8)
la carte, map
    la — d'identité, identity card
    la — d'entrée, pass (6)
    jouer aux —s, to play cards
en cas de, in the case of (JP1)
    en tout —, in any case
la caserne, barracks (1)
    casser, to break
la catastrophe, disaster (10)
à cause de, because of
la cave, cellar
la ceinture, belt (5)
    célèbre, famous
    célébrer, to celebrate [like *espérer*]
la cellule, cell (4)
une centaine (de), a hundred
    cependant, however
le cercle, circle (3)
    le — dramatique, dramatic
      society (12)
le cerf, stag (4)
    cesse, sans —, without stopping,
      unceasingly
    cesser, to stop (10)
    chacun(e), each one
le chagrin, distress (5)
la chaleur, heat (3)
la chambre, room
    la — à coucher, bedroom
le champ, field
le champignon, mushroom (JP3)
la chance, luck
le chandail, sweater
    changer d'avis, to change one's mind
    chanter, to sing
le chanteur, singer (male)
le chantier, construction site (JP1)
le chapeau (*pl* chapeaux), hat
    chaque, each, every
le charbon, coal (JP1)
    charger (de), to load (with) (12) [like
      manger]
    charmant(e), delightful
la charrette, cart
la chasse, hunt(ing) (4)
    chasser, to chase (off), to get rid of (1)
le chasseur, huntsman (4)
le château (*pl* châteaux), castle

    chaud, warm
    il fait —, the weather is warm
    avoir —, to be warm, hot
le chauffage, heating (JP3)
le chauffard, road-hog (2)
le chauffe-bain, geyser (1)
le chauffeur, driver
la chaussée, road(way)
la chaussette, sock
    chaussez, quelle pointure — -vous?
      what is your size in shoes? (6)
la chaussure, shoe
le chef, chief
    le — -d'œuvre, masterpiece (6)
le chemin, road, path
    le — de fer, railway
la cheminée, fireplace (JP1)
le cheminot, railwayman (1)
la chemise, shirt
un chèque de voyage, traveller's cheque (5)
    toucher un chèque, to cash a
      cheque (5)
    cher; chère, dear
    chercher, to look for
    aller —, to fetch, to go and meet,
      to go and find
le cheval (*pl* chevaux), horse
    à —, on horseback
le chevet, bed-head (12)
les cheveux, *m pl,* hair
    chez, at (to) the house of
    chic, smart
le chiffre, figure
la chimie, chemistry
    chinois(e), Chinese (8)
    choisir, to choose
le choix, choice
la chose, thing
    autre —, something else (4)
    quelque —, something
le chuchotement, whispering (8)
    chuchoter, to whisper (10)
le ciel, sky
le cigare, cigar
la circulation, traffic
    circuler, to move (of traffic)
le citadin, townsman (JP3)
la cité, town, city (JP3)
le citoyen, citizen (7)
le citron, lemon
    civil, en —, in plain clothes (9)
    clair(e), clear, light
la classe terminale, final year (8)
le classement, classification (10)
    classique, classical (JP2)
la clef, key
    fermer à —, to lock (11)
le client, customer
    climatisé(e), air-conditioned (JP1)
le clocher, steeple (JP1)
le clou, nail
le club de photo, photographic club (JP2)
le cœur, heart (1)
le coffre, boot (of car)
le cognac, brandy (11)
le coiffeur, hairdresser (9)

    chez le —, to (at) the hairdresser's (6)
    du combien coiffez-vous? what
      is your size in hats? (6)
le coin, corner
le col, col (10)
    colère, en — (contre), angry (with)
    se mettre en —, to become angry
    collaborer, to collaborate (8)
    collection, faire — de, to collect (JP2)
un(e) collégien(ne), college student
le collègue, colleague (11)
    coller, to stick (11)
la colonie de vacances, holiday camp
la colonne, column (7)
le coloris, colour (6)
le commandant, commanding officer (7)
    commander, to order
    comme, as, like
    — d'habitude, as usual
le commencement, beginning
    commencer (à), to begin (to) [see
      Verb Tables]
le commentateur, commentator,
    announcer (10)
le commerçant, tradesman (JP3)
    commissions, faire des —, to run
      errands
la commune, community
la compagnie, company
    comparaison, soutenir la — avec,
      to bear comparison with (JP3)
le compartiment, compartment
le complet, suit
    complet; complète, complete (5)
    compliqué(e), complicated (3)
    comporter, to comprise (8)
    composé(e) de, comprising (10)
    comprendre, to understand [like
      prendre]
    compris, service —, service included
    y —, including (7)
le compte, calculation (5), count (4)
    se rendre — de, to realize (JP1)
    compter, to count, to intend to (4)
le compteur, taximetre (2)
le comptoir, counter
un(e) concierge, caretaker
le concours, competition
    concurrence, en —, in competition (6)
le conducteur, driver
    conduire, to drive [see Verb Tables]
    conduite, la leçon de —, driving
      lesson (5)
    sous la — de, under the leadership
      of (10)
    confectionner, to make (4)
la conférence, lecture (7)
la confiance, confidence (5)
la confiserie, confectioner's shop
le confort, comfort
    confortable, comfortable
    congé, une semaine de —, a week off
    connaissance, faire la — de, to meet
    connaître, to know [see Verb Tables]
    consacrer, to devote (4)
le conseil, advice

conseiller, to advise
conserver, to keep (JP1)
(se) considérer, to consider (oneself) [like *espérer*]
consommer, to consume (JP1)
constater, to establish, to state
constituer, to constitute, make up (JP3)
construire, faire —, to have built [like *conduire*]
contemporain(e), contemporary (JP2)
contenir, to contain [like *venir*]
content(e), happy
continuel(le), continuing (JP3)
au contraire, on the contrary (12)
la contravention, traffic offence (2)
contre, against
  ci-contre, opposite
le contrôleur, ticket collector
convenir, to be suitable [like *venir*]
le copain, pal, friend
la copie, copy
copier, to copy (12)
le cor de chasse, hunting horn (4)
la corbeille, litter bin (JP1), box (at theatre or cinema) (9)
la corde, rope (4)
la cordée, team of roped climbers (10)
les cordons, *m pl*, laces (5)
le corps, body
la correspondance, connection (3)
le costume, costume, dress
la côte, coast
le côté, side (6)
  à — de, next to, beside
  de l'autre —, on the other side
  juste à —, next door (9)
le coton, cotton
le cou, neck
se coucher, to go to bed
la coulée, flurry (10)
la couleur, colour
le coup, blow, bang, knock, robbery (12)
  le — de fusil, shot (7)
  un — d'œil, glance, peep (7)
  un — de pied, kick (12)
  couper, to cut (off)
la cour, courtyard, playground
courageux; courageuse, courageous (3)
courant, être au —, to be in the know (12)
le coureur, runner, rider (10)
courir, to run [see Verb Tables]
le courrier, mail (JP3)
les cours, *m pl*, lessons
  au — de, during, in the course of (6)
  en —, in progress (JP1)
la course, race
  une — contre la montre, time trial (10)
  la — de chevaux, horse race (7)
court(e), short
un(e) cousin(e), cousin
le couteau (*pl* **couteaux**)**,** knife
coûter, to cost
la coutume, custom (7)
couture, la haute —, fashion (6)

le couturier, fashion designer (6)
le couvent, convent
couvert(e) de, covered with
couvrir, to cover [like *ouvrir*]
craindre, to be afraid, to fear (9) [see Verb Tables]
la cravate, tie
créer, to create (4)
le crépuscule, twilight (JP1)
le cri, cry (JP1)
crier, to shout, cry
le criminel, criminal (5)
croire, to think, to believe [see Verb Tables]
le croissant, crescent-shaped roll
le croquis, sketch (6)
le cru, wine (11)
cueillir, to pick (7), to capture (12)
la cuiller, spoon
le cuir, leather
la cuisine, kitchen
  la haute —, high class cooking (9)
cultiver, to grow
culturel(le), cultural (JP1)
le curé, priest
curieux; curieuse, curious, strange (12)
la cuve, vat (11)
le cyclisme, cycling

d

un(e) dactylo, typist (6)
la dalle, flagstone (4)
la dame, lady (4)
le dancing, dance hall (6)
le Danemark, Denmark (5)
dangereux; dangereuse, dangerous
le danseur, dancer
déboucher dans, to flow into (JP2)
les débris, *m pl*, wreckage (10)
se débrouiller, to manage (JP2)
le début, beginning
le débutant, beginner
décharger, to unload [like *manger*]
se décider, to make up one's mind
décoller, to take off (5)
le décor, decoration, setting (4)
découragé(e), discouraged (9)
se décourager, to become discouraged (3) [like *manger*]
découvrir, to discover [like *ouvrir*]
décrire, to describe [like *écrire*]
décrocher, to lift (receiver)
dedans, inside (7)
défendre, to forbid
le défilé, procession, parade (4)
dégager, to clear (JP1), to extricate (10) [like *manger*]
se déguiser, to disguise oneself (4)
déguster, to taste, sample (JP2)
(au) dehors, outside
déjà, already
déjeuner, to have lunch
  le —, lunch
  le petit —, breakfast
délabré(e), dilapidated (9)

les délices, *f pl*, delights (JP2)
délicieux; délicieuse, delicious
demain, tomorrow
  après- —, the day after tomorrow
demander, to ask, to ask for
démarrer, to start
le déménagement, removal (1)
déménager, to move (house) (1) [like *manger*]
la demeure, dwelling place (JP2)
demeurer, to live
la demie, half
  et —, half past
une demi-heure, half an hour
la demoiselle, damsel, young lady (4)
démolir, to demolish (1)
dénombrer, to enumerate, count (5)
le départ, departure
  le point de —, starting point
se dépêcher, to hurry
dépendre de, to depend (on)
dépenser, to spend (12)
déposer, to put down (5)
la déposition, statement (9)
depuis, for, since, from (1)
  — lors, since then (10)
le député, member of French Parliament (
déranger, to disturb [like *manger*]
dernier; dernière, last, latest
derrière, behind
  de —, rear (12)
dès, from (JP1)
le désastre, disaster
descendre, to come down, to go down, get off a train, etc., to take down
désert(e), deserted (12)
se déshabiller, to undress (3)
le dessert, dessert, sweet
le dessin, drawing, art, sketch (JP1)
le dessinateur, designer (6)
dessiner, to draw
ci-dessous, below
au-dessus de, above
à destination de, bound for (5)
le détail, detail
le détour, diversion
détourner, to divert (12)
détruire, to destroy (JP2) [like *conduire*]
en deuil, in mourning (10)
devant, in front (of)
la déveine, ill-luck (5)
devenir, to become [like *venir*]
devoir, to have to (must) [see Verb Tables]
les devoirs, *m pl*, homework
la dictée, dictation (8)
le dictionnaire, dictionary
le Dieu, God (JP1)
différer, to differ (11) [like *espérer*]
difficile, difficult
digne, worthy (4)
dimanche, Sunday
le diplôme, diploma (JP2)
dire, to say, to tell [see Verb Tables]
  c'est à —, that is to say
  à vrai —, as a matter of fact

le directeur, manager, editor
se diriger vers, to go towards [like *manger*]
discuter, to discuss
disparaître, to disappear [like *connaître*]
le disque, record
dissiper, to dispel (10)
distingué(e), distinguished (6)
les distractions, *f pl,* amusements (JP2)
distribuer, to distribute
divers(e), different (10)
divertissant(e), entertaining
divisé(e), divided (8)
le docteur, doctor
le doigt, finger
le dôme, dome (JP1)
le domestique, servant (4)
dominer, to overcome (JP2), to dominate (7)
dommage, c'est —, it's a pity
donc, then, therefore
donner, to give
    — sur, to overlook
dormir, to sleep [see Verb Tables]
le dortoir, dormitory (JP3)
le dos, back
doter, to endow (10)
la douane, customs
le douanier, customs officer
doucement, quietly, gently
la douche, shower
se doucher, to shower (JP1)
doute, sans —, no doubt
doux; douce, gentle, sweet (3)
une douzaine (de), a dozen
dramatique, le genre —, drama (12)
le drapeau, flag (7)
dresser, to set up
    se —, to stand
le droit, right
    avoir le — de, to be entitled to
    tout —, straight (on)
les droits d'auteur, *m pl,* royalties (5)
à droite, on the right
drôle, funny
dur(e), hard (JP1)
la durée, duration (12)
durer, to last
dynamique, dynamic (1)

e

l'eau, *f,* water
    l'— courante, running water
    l'— potable, drinking water (JP1)
échange, en — de, in exchange for (JP2)
échanger, to exchange (8) [like *manger*]
s'échapper, to escape
éclairer, to light (JP3)
une école maternelle, nursery school (8)
une école normale, College of Education (8)
un écolier, school boy
économiser, to save
un(e) Ecossais(e), Scot (5)
l'Ecosse, *f,* Scotland

s'écouler, to pass (time) (10)
écouter, to listen (to)
    restez à l'écoute, stay tuned (10)
un écran, screen
(s')écraser, to crash (10), to crush (11)
écrire, to write [see Verb Tables]
un écrivain, writer
s'édifier, to be built (JP1)
effacer, to rub out, remove (3) [like *commencer*]
effectuer, to carry out (10)
un effet, effect (4)
en effet, in effect
également, also, equally (8)
égard, à cet —, in this respect (5)
une église, church
un égout, sewer (JP1)
élaboré(e), elaborate (4)
s'élancer, to rush, dash (4) [like *commencer*]
un électrophone, record player
élémentaire, elementary
élevé(e), high (1)
élever, to erect (7) to rise (JP3) [like *acheter*]
embêtant(e), annoying
un embouteillage, traffic jam
une émission, programme (2)
emmener, to take [like *acheter*]
empêcher, to prevent
un empereur, emperor (7)
un emploi, job
    un — du temps, timetable
un employé, worker, official, clerk
employer, to use [like *nettoyer*]
emporter, to take, to carry
emprunter, to borrow
enchanté(e), delighted
l'encolure, *f,* size in collars (6)
encore, still, again
    — une fois, once again
l'encre, *f,* ink
s'endormir, to fall asleep [like *dormir*]
un endroit, place
un enfant, child
    les petits-enfants, grandchildren (JP3)
enfantin(e), infant (8)
enfermer, to imprison (7)
enfin, finally, at last
s'enfuir, to flee (5) [see Verb Tables]
engagement, sans —, without obligation (JP2)
l'enlèvement, *m,* kidnapping (9)
enlever, to take away, to get rid of [like *acheter*]
l'ennemi, *m,* enemy
l'ennui, *m,* annoyance (5)
s'ennuyer, to be bored [like *essuyer*]
ennuyeux; ennuyeuse, boring
énorme, huge
énormément, a lot (JP2)
une enquête, inquiry
enregistrer, to record (4)
l'enseignement, *m,* education (JP2)
ensemble, together

un —, collection (JP3)
un — à pantalon, trouser suit (6)
un — universitaire, university buildings (JP1)
ensevelir, to bury (10)
ensuite, then next
entasser, to stack (5)
entendre, to hear, to understand
    — parler de, to hear about
l'enthousiasme, *m,* enthusiasm
entier; entière, whole
entourer, to surround (1)
l'entraînement, *m,* training
entre, between
une entrée, entrance
entrer, to enter, to go in(to), to come in(to)
    faire —, to let in (1)
entretenir, faire —, to have (a car) serviced [like *venir*]
un entretien, chat, conversation (12)
une enveloppe, envelope
envelopper, to wrap (7)   [to (2)]
envie, avoir — de, to want to, to wish
environ, about
les environs, *m pl,* surrounding district
envoyer, to send [see Verb Tables]
l'épaisseur, *f,* thickness, depth (10)
une épave, wreck (10)
une épicerie, grocer's shop
un épicier, grocer
une époque, era, age
une épouse, wife (4)
une épreuve, test (10)
éprouver, to experience (1)
épuisé(e), exhausted, worn out (JP1)
une équipe, team
équipé(e), equipped (10)
une erreur, mistake
l'escalier, *m,* stairs, staircase
un(e) esclave, slave (4)
un escroc, crook (1)
l'espace, *f,* space (JP3)
espèces, en —, in cash (5)
espérer, to hope [see Verb Tables]
un espion, spy
un espoir, hope
essayer de, to try to [see Verb Tables]
l'essence, *f,* petrol
    faire le plein d'—, to fill up with petrol
l'essentiel, *m,* the main thing (JP2)
l'est, *m,* east (JP1)
l'estomac, *m,* stomach
une estrade, platform (7)
établir, to establish, set up
étage, au premier —, on the first floor
un étalage, stall
une étape, stage (10)
un état d'esprit, state of mind (JP1)
les Etats-Unis, *m pl,* The United States
l'été, *m,* Summer
un éteignoir, candle extinguisher (JP1)
éteindre, to put out [like *craindre*]
s'étendre, to extend (9)

étendu(e), stretched out
l'étendue, *f*, extent (JP2)
une **étiquette,** label (5)
étonné(e), astonished
   d'un air —, in astonishment
l'étonnement, *m*, astonishment
étouffer, to suffocate, to be stifled (11)
étrange, strange
un **étranger,** foreigner, outsider (5)
étranger; étrangère, foreign
   à l'—, abroad
être, to be [see Verb Tables]
   — assis(e), to be sitting
   — obligé (de), to be obliged (to)
   — de retour, to be back
   — sur les dents, to be worn out (12)
   — en train de, to be (busy) doing
étroit(e), narrow, strict (12)
les **études,** *f pl*, studies
un(e) **étudiant(e),** student
étudier, to study (5)
s'évader, to escape (JP2)
l'évasion, *f*, escape (4)
s'éveiller, to wake up (5)
un **événement,** event
évidemment, evidently, obviously
évident(e), obvious, evident
éviter (de), to avoid (5)
un **examen,** examination
   passer un —, to sit an examination
un **excès,** excess
   — de vitesse, speeding (2)
l'exil, *m*, exile (JP2)
expérimenté(e), experienced (10)
une **explication,** explanation (8)
expliquer, to explain
une **exposition,** exhibition
exprès, on purpose (4)
exprimer, to express, to squeeze (11)
exquis(e), exquisite (7)
extérieur, à l'—, outside
un **extrait,** extract
extraordinaire, extraordinary (5)

f

la **fabrication,** manufacture (4)
la **fabrique,** factory
fabriquer, to manufacture (10)
face à, facing (JP1)
   en — (de), opposite
fâché(e), annoyed
se **fâcher,** to become angry
facile, easy
la **façon,** way, method, manner (6)
le **facteur,** postman
la **faculté,** faculty (JP2)
faim, avoir —, to be hungry
faire, to do, to make [see Verb Tables]
   — des achats, to do some shopping
   — de l'alpinisme, to climb (JP2)
   — attention, to be careful
   — de l'autostop, to hitch-hike (JP2)
   — du camping, to go camping
   — la collection de, to collect (JP2)

— des commissions, to run errands (8)
— la connaissance de, to meet
— construire, to have built, to build
se **— couper les cheveux,** to have one's hair cut (7)
— entrer, to let in (1)
— entretenir, to have (a car) serviced
— fonctionner, to operate (12)
— la forte tête, to be awkward (8)
se **— laver les cheveux,** to have one's hair washed (7)
— du mal (à), to harm (5)
— son marché, to do one's shopping
— la grasse matinée, to lie in (bed)
— de même, to do the same (JP2)
— de son mieux, to do one's best
se **— photographier,** to have one's photo taken (7)
— le plein d'essence, to fill up with petrol
— prisonnier, to take prisoner (4)
— une promenade, to go for a walk
— une promenade en auto, to go for a drive
— une promenade en bateau, to go for a boat trip
— des recherches, to make inquiries
— remarquer, to mention (JP2)
se **— remarquer,** to be noticed (JP2)
— un reportage (sur), to report (on)
— semblant de, to pretend to (10)
— sensation, to cause a sensation (5)
— signe, to signal, wave (1)
— du ski, to ski
— un tour (de), to tour
— la vaisselle, to do the washing up
ne **t'en fais pas !** don't worry !
il **fait beau,** the weather is fine
— — chaud, the weather is warm
— — du soleil, it is sunny
— — du vent, it is windy
— — mauvais (temps), the weather is bad
le **fait,** fact (5)
falloir, to be necessary (2) [see Verb Tables]
la **farce,** practical joke (9)
fatigant(e), tiring (JP2)
fatigué(e), tired
il **faut,** it is necessary
la **faute,** fault
le **fauteuil,** armchair
faux; fausse, false (3)
favori(te), favourite (JP2)
féliciter, to congratulate
la **femme de ménage,** cleaning woman
fer, le chemin de —, railway
la **ferme,** farm
(se)**fermer,** to close (3)
   — à clef, to lock (11)
la **fermeture,** closure

féroce, fierce (JP2)
la **fête,** fête, fair, entertainment
   — folklorique, festival of folk music
   la Salle des Fêtes, concert hall
   en — de, (at) the height of (fashion) (6)
fêter, to celebrate (1)
le **feu d'artifice,** firework (display)
   prendre feu, to catch fire
le **feuillage,** foliage (3)
les **feux,** *m pl*, traffic lights
la **fiche,** form
fier; fière, proud
la **figure,** face
figurer, to imagine (4)
le **fil,** wire, thread (5)
   — de caoutchouc, rubber band (8)
la **fille,** girl, daughter
   la petite-—, grand-daughter
le **fils,** son
   le petit-—, grandson
fixer, to stare at (6)
la **flamme,** flame
flâner, to stroll, lounge about (JP3)
la **fleur,** flower
fleuri(e), blooming (JP1)
fleurir, to decorate with flowers (JP1)
le **fleuve,** river (JP2)
le **flic,** 'cop' (12)
flottant(e), floating (JP3)
le **foin,** hay (JP2)
foirer, to give way (10)
la **fois,** time
   une — (de plus), once (more)
   à la —, at the same time (JP1)
   encore une —, once again
   folklorique, la fête —, festival of folk music
le **fonctionnement,** working (4)
fonctionner, faire —, to operate (12)
le **fond,** background (4), bottom (9)
fondé(e), founded (8)
la **force,** strength (JP3)
la **forêt,** forest
la **formation,** training (8)
se **former,** to be trained (8)
formidable, fine, magnificent
fort(e), strong, hard
la **forteresse,** fortress (4)
fortuné(e), fortunate (JP1)
le **fossé,** ditch, moat (JP2)
fou; folle, mad (4)
   un succès fou, great success (6)
fouet, le coup de —, lash (4)
fouiller, to search
la **foule,** crowd
fouler, to tread (grapes) (11)
fournir, to provide (11)
le **foyer,** home (JP3)
la **fraîcheur,** freshness (3)
frais; fraîche, fresh
frappant(e), striking (JP2)
le **frein,** brake
frêle, frail (JP1)
fréquenter, to frequent (JP1)
les **frites,** *f pl*, chips

froid(e), cold
il fait —, it is cold
avoir —, to be cold
le fromage, cheese
le front, forehead (JP1)
la fumée, smoke
fumer, to smoke
furieux; furieuse, furious (3)
la fusée, rocket (10)
le fusil, gun
le coup de —, shot (7)

g

le gagnant, winner (JP1)
gagner, to win, to earn
— sa vie, to earn one's living (1)
gai(e), gay (3)
la galerie, gallery (9)
Galles, le Pays de —, Wales (5)
un Gallois, Welshman (5)
gallois(e), Welsh (5)
le gant, glove
garantir, to guarantee (JP2)
le garçon, boy, waiter
le garde, guard (7)
garder, to keep (2)
le gardien, keeper (JP2), warder (12)
la gare, station
garer, to garage (7)
la gargouille, gargoyle (JP1)
le gâteau (pl gâteaux), cake
gâter, to spoil (12)
se —, to go wrong (5)
à gauche, to the left
le gel, frost (10)
la gendarmerie, headquarters (of
Gendarmes)
en général, usually
généralement, generally (10)
le genre, kind, sort (JP2)
le — dramatique, drama (12)
les gens, m pl, people
gentil; gentille, kind
la gentillesse, kindness (11)
gentiment, nicely (JP2)
la glace, ice-cream, ice (JP1)
les gosses, kids (1)
goûter, to taste (11)
les goûts, m pl, interests
le gouvernement, government (7)
grâce à, thanks to
gracieux; gracieuse, graceful (6)
la graine, seed (JP3)
graisser la patte à, to bribe (5)
grand(e), big, great
pas —-chose, not much (2)
la grande route, main road
la Grande-Bretagne, Great Britain (10)
grandir, to grow
la grappe, bunch (of grapes) (11)
le gratte-ciel, skyscraper (1)
gratuit(e), free
grave, serious
grêle, slender (JP1)
le grenier, attic

la grève, strike
se mettre en —, to go on strike (7)
la grille, gate (1)
le grimpeur, climber (10)
gris(e), grey
gros; grosse, big [(JP1)
le groupe scolaire, educational campus
la guerre, war (JP1)
guetter, to watch (1)
le guichet, ticket office

h

s'habiller, to dress
un habitant, inhabitant
une Habitation à Loyer Modéré (HLM),
council flat (1)
la tour d'habitation, tower block (JP1)
habiter, to live (in)
d'habitude, usually
une habitude, habit (JP1)
comme d'—, as usual
avoir l'— de, to be in the habit of
(used to)
habitué(e), accustomed (5)
— à, used to
habituel(le), usual (JP2)
haleine, hors d'—, breathless (1)
les Halles, f pl, Paris market (1)
halte-là! stop! (12)
le hameau, hamlet (4)
haut(e), high
en — de, at the top of (7)
le —-parleur, loudspeaker (4)
la —e couture, fashion (6)
la hauteur, height (8)
hélas! alas!
héler, to hail (taxi, etc.) (2) [like
espérer]
l'herbe, f, grass
les mauvaises —s, weeds (JP3)
hérissé, bristling (8)
le héros, hero
l'heure, f, time, hour
à l'—, on time
tout à l'—, just now, later
de bonne —, early
les heures d'affluence, rush hour (1)
heureux; heureuse, happy
heureusement, fortunately
heurter, to bump into
hideux; hideuse, hideous (JP1)
hier, yesterday
avant-—, the day before yesterday (1)
l'histoire, f. history
historique, historic(al) (4)
l'hiver, m, winter
en —, in winter
un Hollandais, Dutchman (5)
hollandais(e), Dutch (5)
un homme d'affaires, businessman (2)
honnête, honest (12)
l'honneur, m, honour (12)
honte, avoir —, to be ashamed
un hôpital, hospital
un horaire, timetable

une horloge, clock
le horion, punch (8)
hors d'haleine, breathless (1)
un hôte, host (10)
la houe, hoe (JP3)
houer, to hoe (JP3)
l'huile, f, oil [temper (3)
humeur, de mauvaise —, in a bad

i

ici, here
une idée, idea
ignorer, not to know (10)
il y a, ago, there is, there are
illuminé(e), floodlit (JP2)
illustré(e), illustrated
une image, picture
en imagination, in (one's) mind (5)
immense, huge (JP1)
un immeuble, block of flats
immobilière, une agence —, estate
agency (1)
impénitent(e), unrepentant (JP2)
impériale, autobus à —, double
decker bus (3)
un imperméable, raincoat
importance, sans —, unimportant (4)
impressionniste, impressionist (6)
imprévu(e), unforeseen (5)
imprimer, to print
l'incarcération, f, imprisonment (12)
un incendie, fire
inconnu(e), unknown
un —, stranger
un inconvénient, disadvantage, (JP3)
incroyable, unbelievable
indiquer, to inform (11)
industriel(le), industrial (JP1)
un ingénieur, engineer
inquiet; inquiète, anxious (10)
s'inquiéter, to worry (6) [like *espérer*]
inscrire, to inscribe (8) [like *écrire*]
l'insonorisation, f, sound-proofing (JP3)
insouciant(e), carefree (9)
installer, to fix (up)
s'—, to settle, sit (down)
un instant, moment
un instituteur, (primary) teacher
une institutrice, primary schoolmistress (8)
s'instruire, to educate oneself (JP2)
[like *conduire*]
intellectuellement, intellectually (JP2)
intention, avoir l'— (de), to
intend (to)
interdire, to prohibit [like *dire*]
intéressant(e), interesting
intéresser, to interest
s'— à, to be interested in
l'intérêt, m, interest
intérieur, à l'—, inside (2)
interminable, endless (4)
un(e) interprète, interpreter (JP2)
interroger, to question [like *manger*]
interrompu(e), interrupted (11)

introduire, to introduce [like *conduire*]
inutile, useless
un inventaire, inventory (5)
un(e) invité(e), guest
un Irlandais, Irishman (5)
irrité(e), annoyed (8)
isolé(e), isolated (JP3)
un itinéraire, itinerary, route (JP1)

j

jamais, ever
    ne... jamais, never
la jambe, leg
japonais(e), Japanese (JP3)
jeter, to throw (away) [see Verb Tables]
le jeton, token
le jeu (*pl* **jeux**), game
jeune, young
la jeune fille, girl, young lady
    jeunes, la maison des —, youth centre
la jeunesse, youth (JP1)
    une auberge de —, youth hostel
la Joconde, 'Mona Lisa' (JP1)
la joie, joy (4)
joli(e), pretty
jouer, to play
le joueur, player
un jour de congé, a day off
    — de marché, market day
    en plein —, in broad daylight
    par —, daily (JP1)
    de nos —s, these days (JP1)
le journal (*pl* **journaux**), newspaper
la journée, day
joyeux; joyeuse, merry
sans jugement, without trial (7)
la jupe, skirt
jurer, to swear
le jus de fruits, fruit juice
jusqu'à, until, as far as, up to (5)
jusqu'ici, so far (5)
jusque-là, until then (10)
juste, le moment —, the right moment (12)
justement, exactly (3)

k

le klaxon, horn
klaxonner, to sound the horn (2)

l

là, there
là-bas, over there
le laboratoire (**de langues**), (language) laboratory (8)
la laine, wool
laisser, to leave, to let, to allow
    — tomber, to drop

le lait, milk
la lampe, light
lancer, to throw [like *commencer*]
la langue, language (JP2)
les langues vivantes, modern languages (8)
large, wide
la largeur, width (8)
(se) laver, to wash
la laverie, launderette (1)
    lèche, faire la —-vitrine, to go window shopping (6)
le lecteur, reader
la lecture, reading
léger; légère, light
légèrement, slightly
les légumes, *m pl*, vegetables
le lendemain, the next day
    le — matin, the next morning
lent(e), slow (3)
la lenteur, slowness (3)
la lessive, soap powder
    faire la —, to do the washing
lever, to lift, to raise [like *acheter*]
se lever, to get up; to stand up
la lèvre, lip, edge (10)
libérer, to set free (7) [like *espérer*]
libre, free, vacant
    —-service, self-service
le lieu, place
    avoir —, to take place
    au — de, instead of (JP2)
    le — de repos, resting place (5)
la ligne, line
le lilas, lilac (7)
la limite, boundary (9)
le lin, linen (6)
le linge, linen (JP1)
le lingot, ingot, bar (5)
lire, to read [see Verb Tables]
le lit, bed
une livre = 500 grammes (approx 1 lb)
livrer, to deliver
le locataire, tenant (1)
les locations, *f pl,* bookings (JP1)
les locaux, *m pl,* premises (12)
la loge, (caretaker's) room (1)
le logement, housing (JP3)
loger, to lodge, live (1) [like *manger*]
loin (**de**), far, a long way (from)
le loisir, leisure
    Londres, London
le long de, along
longtemps, a long time
la longueur, length (8)
lors, depuis —, since then (10)
lorsque, when (10)
louer, to hire
    à —, 'to let'
le loueur, hirer (JP1)
lourd(e), heavy
le loyer, rent (1)
la lumière, light
les lunettes, *f pl,* glasses
de luxe, luxurious (1), luxury (9)
le lycée, high school, grammar school
un(e) lycéen(ne), high school pupil

m

la machine à laver, washing machine
le magasin, shop
le magnétophone, tape recorder
magnifique, magnificent
la main, hand
    se serrer la —, to shake hands (5)
maintenant, now
le maire, mayor
la mairie, town hall
    maison, la — des jeunes, youth centre
    la — de commerce, firm (10)
le maître criminel, master criminal (12)
mal, badly
    avoir du — (**à**), to have difficulty (in) (1)
    faire du — (**à**), to harm (5)
    se sentir —, to feel ill
malade, ill
le malheur, misfortune (5)
malheureux; malheureuse, unhappy (5)
malheureusement, unfortunately
le mandat (**ordinaire**), postal order
la manifestation, demonstration (10)
un mannequin, model (6)
le manque, lack
    manquer, to miss
    — de, to lack (JP1)
le manteau (*pl* **manteaux**), overcoat (lady's)
    manuellement, manually (JP2)
le Maquis, member of the Resistance Movement (4)
le marc, brandy (11)
le marchand, salesman
    le — des quatre saisons, street trader, 'barrow boy' (1)
la marche, step (7)
le marché, market
    de meilleur —, cheaper
marcher, to walk, to work
le mari, husband
(se) marier (**avec**), to marry
la marque, make (of car) (9)
    marre, j'en ai —, I'm fed up with it (4)
le massif, mountain range (JP2)
la matière, subject (8)
la matinée, morning
    mauvais(e), bad
    de mauvaise humeur, in a bad temper (3)
au maximum, at (the) most (3), to the utmost (JP2)
le mécanicien, mechanic
mécanique, mechanical (4)
méconnu(e), unrecognised (5)
mécontent(e), unhappy (7)
le médecin, doctor
le médicament, medicine
    meilleur(e), better, best
    de — marché, cheaper
le mélange, mixture (JP2)
se mêler (**à**), to be involved (in) (JP2)

même, same
    quand —, even so
    faire de —, to do the same (JP2)
la mémoire, memory
menacer, to threaten [like *commencer*]
le ménage, household (JP3)
    la femme de —, cleaning woman
    faire le —, to do the housework
la ménagère, housewife (1)
mentalement, mentally (5)
mentir, to lie (JP2) [like *sortir*]
la mer, sea
    au bord de la —, at the seaside
merveilleux; merveilleuse,
    marvellous
sur mesure, made to measure (6)
mesurer, to measure (6)
météorologiques, les prévisions —,
    weather forecast (10)
le métier, profession
le Métro, the Paris Underground
le metteur en scène, producer (1)
mettre, to put (on), to spend (time)
    (3) [see Verb Tables]
    — le comble à, to crown (12)
    — au point, to bring about, to get
      ready (4)
    — à la poste, to post
    se — à l'abri, to take shelter (10)
    se — en colère, to become angry
    se — en grève, to go on strike (7)
    se — en route, to set off
    se — au travail, to start work (5)
meubler, to furnish
les meubles, *m pl*, furniture
le Mexique, Mexico (5)
le micro, microphone
midi, noon   [France
le Midi de la France, the South of
(**le**) **mieux**, better, (best)
    aller —, to be better
    faire de son —, to do one's best
    il vaut —, it is better (JP1)
au milieu de, in the middle of
militaire, military
un milliard (de), a thousand million (8)
mille, a thousand
des milliers (de), thousands (of)
minable, pathetic, pitiful (7)
la Ministère, Ministry (9)
ministre, le Premier —, Prime
    Minister (7)
minuit, midnight
la mise en scène, production (4)
mixte, mixed (school) (8)
la mode, fashion
    à la —, in fashion
le modélisme, modelling (JP2)
la modiste, milliner (9)
moindre, least (10)
moins (de), less, minus
    au —, at least
    du —, at least (6)
le mois, month
la moisson, harvest (JP2)
la moitié, half

au moment où, just as
le monde, world
    tout le —, everybody
le moniteur; la monitrice, monitor
la monnaie, change
la montagne, mountain
    montagneux; montagneuse,
      mountainous (JP2)
    monter, to go up, to get into (car
      etc.), to take up
la montre, watch
    montrer, to show, to point out
le monument, historic building
se moquer de, to make fun of (JP2)
la morale, morals (8)
le morceau (*pl* **morceaux**), piece,
    lump
    mort(e), dead
la mort, death (8)
le mot, word   [word (4)
    sans — dire, without saying a
le moteur, engine
la moto, motorcycle
le motocycliste, motor cyclist (5)
le mouchoir, handkerchief
la moule, mussel (JP1)
le mousquetaire, musketeer (12)
    mouvementé(e), lively (4)
    moyen(ne), average
le moyen, means (2)
    mû; mue, moved (8)
le muguet, lily of the valley (7)
    multiplié par, multiplied by (8)
    muni(e) de, provided with (10)
le mur, wall
    mûr(e), ripe (11)
    mûrir, to ripen (11)
le musée, museum
le musicien, musician (7)
les mutilés de guerre, war wounded (3)
le mystère, mystery
    mystérieux; mystérieuse,
      mysterious

n

nager, to swim [like *manger*]
la nappe, tablecloth
    natal(e), native (JP3)
    naturellement, of course
la nausée, sickness (5)
    né(e), born
    nécessaire, necessary
le négociant, wine merchant (11)
la neige, snow
    il —, it is snowing
    nerveusement, nervously (5)
le nettoiement, cleaning (JP3)
    nettoyer, to clean [see Verb Tables]
    neuf; neuve, new
le nez, nose
    ni, nor
le niveau, level
les noces, *f pl*, wedding (4)
    le cadeau de —, wedding present (4)
    Noël, Christmas

    noir(e), black
le nom, name
le nombre, number
    nombreux; nombreuse, numerous (4)
    nommer, to name
le nord, north (JP1)
le nord-est, north-east (1)
    normale, une école —, College of
      Education (8)
la Norvège, Norway (8)
    notamment, especially (JP1)
la note, note (3), mark (8)
    nourrir, to nourish, cherish
    nouveau (nouvel); nouvelle, new
de nouveau, again
le nouveau-venu, newcomer (1)
la nouvelle, news
le nuage, cloud (10)
le numéro, number, edition

O

un objet, object
    obligatoire, compulsory
    obligé, être — (de), to be obliged (to)
    obliger, to force (JP2) [like *manger*]
l'obscurité, *f*, darkness (4)
une observation, remark (7)
    observer, to observe, keep (3), to
      remark (JP2)
    obtenir, to obtain (8) [like *venir*]
une occasion, chance
    occupé(e), engaged, taken (of room)
s'occuper de, to attend to, to be
      concerned with
    œil, un coup d'—, glance, peep (7)
un œillet, carnation (7)
un œuf, egg
les œuvres, *f pl*, works
    officiel(le), official (JP2)
    offrir, to give, offer [like *ouvrir*]
un oignon, onion
une ombre, shadow (4)
    à l'ombre(de), in the shade (of)
    ombreux, shady, dim (12)
un oncle, uncle
    opinion, le sondage d'—, opinion
      poll (6)
    l'or, *m*, gold (5)
un orage, storm
un orateur, orator (JP1)
une orchidée, orchid (7)
    ordonner, to order (4)
    à l'ordre de, payable to (5)
les ordures, *f pl*, rubbish, refuse
une oreille, ear
    orné(e) de, decorated with (7)
    l'orthographe, *f*, spelling (8)
    oser, to dare
    ou, or
    — bien, or else
    où, n'importe —, anywhere (7)
    oublier, to forget
    l'ouest, *m*, west (JP1)
un ours, bear (JP1)
un outil, tool (5)

outre, apart from, other than (JP3)
   en —, furthermore (12)
  outré(c), outraged (12)
l'ouverture, *f*, opening
une ouvreuse, usherette
un ouvrier, worker (male)
(s')ouvrir, to open, to switch on (1) [see
   Verb Tables]

p

la paille, straw (JP2)
le pain, bread, loaf
en paix, in peace
le palais, palace (4)
le palier, landing (1)
la pancarte, placard, plan (3)
le panier, basket
en panne, broken down
le panneau, notice, sign
le pantalon, trousers
la pantoufle, slipper
le papier, paper
  Pâques, *m*, Easter (JP2)
le paquet, packet
  par, — exemple, for example
   — terre, on the ground
   —-dessus, over
le parachutage, parachute drop (10)
le paradis, paradise (JP2)
  paraît-il, it seems
le parapluie, umbrella
le parc, park, estate (JP2)
  parce que, because
  parcourir, to flow (JP2) [like *courir*]
le parcours, distance race (10)
le pardessus, overcoat (man's)
le pare-brise, windscreen
  pareil(le), similar (4)
   une somme pareille, such a sum (9)
les parents, *m pl*, parents, relations (JP2)
  paresseux; paresseuse, lazy
  parfait(e), perfect (1)
  parfois, sometimes (3)
le parfum, perfume, scent (6)
la parfumerie, perfumery (9)
  parisien(ne), Parisian
le parking, car-park
  parler, to speak, to talk
  parmi, among (JP2)
la parole, word (9)
  part, à, apart (from)
   prendre — à, to take part in
   de ma —, on my behalf
  particulier; particulière, private
   en —, in particular (5)
la partie, part
  partiellement, partially (JP1)
  partir, to leave [like *sortir*]
   à — de, from
  partout, everywhere
le pas, footstep (JP2)
  pas, — du tout, not at all
   — loin de, not far from
le passage, passage (4)
   le — à niveau, level crossing
le passager, passenger

un passant, passer-by (3)
le passé, past (JP2)
  passer, to pass, to spend (time)
   — un disque, to play a record
   — un examen, to sit an
    examination
   se —, to happen
le passetemps, hobby
  passionner, to excite (10)
  patiemment, patiently
le patron, boss
la patronne, proprietress
  patte, graisser la — à, to bribe (5)
  pauvre, poor
le pavillon, small house
  pavoiser, to decorate (with flags) (7)
le pays, country
les Pays-Bas, *m pl*, Holland (5)
le Pays de Galles, Wales (5)
le paysage, landscape (6)
le paysan, peasant (4)
la pêche, fishing
   aller à la —, to go fishing
  pédagogique, educational (8)
  peindre, to paint (JP1) [like *craindre*]
la peine, difficulty (5), trouble (JP2)
   à —, scarcely, hardly (2)
la peinture, paint (JP2), painting (6)
le peloton, bunch (10)
  pendant, during
   — que, while
  pénétrer, to enter (12) [like *espérer*]
  penser, to think
la pensée, thought (4)
la pension, boarding house (8)
la pente, slope
  perdre, to lose
   — son chemin, to lose one's way
la périphérie, outskirts (JP1)
  permettre, to allow [like *mettre*]
le permis de conduire, driving licence
  perpétuel(le), perpetual (5)
le personnage, character, person (JP1)
la personne, person
  ne... —, no one, nobody
  personnel(le), personal (5)
le personnel, staff, servants
le petit-fils, grandson
la petite-fille, grand-daughter
le petit déjeuner, breakfast
  à perte de vue, as far as the eye can see (9)
  peu, un — de, a little, a few
   à — près, about
   — de temps, a short while (1)
  peur, avoir —, to be afraid
  peut-être, perhaps
le phare, head-lamp
  pharmaceutique, pharmaceutical (10)
la pharmacie, dispensing chemist's shop
le pharmacien, pharmacist, chemist
le photographe, photographer
la phrase, sentence
la physique, physics
la pièce, play, coin, room
le pied, foot
   à —, on foot

la pierre, rock, stone
le piéton, pedestrian
le pinceau, paint-brush (3)
la piscine, swimming pool
la piste, (ski-)run, race-track
le placard, cupboard
la place, square, place, post (1)
la plage, beach
  se plaindre, to complain [like *craindre*]
  plaire (à), to please [see Verb Tables]
  plaisance, le port de —, yacht
   marina (JP1)
la plaisanterie, joke (JP2)
le plaisir, pleasure
  un vif —, great pleasure (6)
le plan, plan (5)
  au premier —, in the foreground (JP
  à l'arrière-plan, in the background (J
la planche, plank (5)
le plancher, floor
la planète, planet (JP3)
la plante d'appartement, house plant (7
  planté(e), standing (1)
en plastique, plastic
le plat, dish
le plateau (*pl* **plateaux**), tray
  plein(e) (de), full (of)
   en — air, in the open air
   en — jour, in broad daylight
   faire le — d'essence, to fill up
    with petrol
  pleurer, to cry (7)
  il pleut, it is raining   [rain
   il pleut à verse, it is pouring with
  pleuvoir, to rain [see Verb Tables]
   — fort, to rain hard
  à plis, pleated (6)
la pluie, rain
la plume, feather (3), pen
la plupart des ..., most of . . .
  plus, plus (8)
   en —, moreover (2)
   — de, no more (JP1)
   de —, moreover
   de — en —, more and more
   ne ... —, no more, no longer
   — tard, later
   non —, neither, either
  plusieurs, several
  plutôt, rather, more
le pneu, tyre
la poche, pocket
  un appareil de —, pocket camera
le podium, platform (6)
la poésie, poetry (JP2)
  poinçonner, to punch (3)
le point, point, mark (JP2)
   le — de départ, starting point
   le — de vue, viewpoint (1)
   mettre au —, to bring about, to
    get ready (4)
  pointure, quelle — chaussez-vous?
   what is your size in shoes? (6)
la poire, pear
le poisson, fish
le poissonnier, fishmonger (JP1)

poli(e), polite (3)

le policier, policeman

poliment, politely (10)

la politesse, politeness

la politique, politics (1)

la pomme, apple

    la — (de terre), potato

le poney, pony (JP2)

le pont, bridge

populaire, popular

le port de plaisance, yacht marina (JP1)

portatif; portative, portable (10)

porte, le —-clefs, key-ring (JP2)

    le —-monnaie, purse (JP2)

    le — -feuille, wallet

porter, to carry, to wear, to take (10)

la portière, door (12)

le portillon, gate (3)

le portrait, portrait (1), painting (3)

portugais(e), Portuguese (5)

poser, to put (down)

    — des questions, to ask questions

posséder, to possess (12) [like *espérer*]

la possibilité, opportunity (9)

le poste, set

    le — de police, police station

    un — de garde, sentry post (12)

la poste, mettre à la —, to post

    le bureau de —, post office

poudreux; poudreuse, powdery (10)

le poulet, chicken

pour, for, in order to

    — cent, per cent

le pourboire, tip

pourquoi? why?

pourtant, however

pourvu que, provided that (9)

poussé(e), high, distinguished (12)

pousser, to push, to grow (JP3)

    — un cri, to utter a cry (4)

la poussière, dust (1)

pouvoir, to be able (can) [see Verb
Tables]

le pouvoir, power (12)

pratique, practical (1)

pratiquer, to indulge in (JP2)

précipiter, to hurl (10)

    se — dans, to rush into

précis(e), precise

    à cinq heures précises, at
exactly five o'clock

préféré(e), favourite

premier; première, first

prendre, to take [see Verb Tables]

    — l'antenne, to be on the air (10)

les préparatifs, *m pl*, preparations

près de, near (to)

présenter, to present, introduce

    se —, to appear (5)

presque, almost

pressant(e), urgent (5)

pressé(e), être —, to be in a hurry

le pressentiment, feeling (10)

le pressoir, press (11)

prêt(e), ready

    prêt(s)-à-porter, ready to wear (6)

prêter, to lend

le prêtre, priest (JP2)

la preuve, proof (12)

les prévisions météorologiques,
weather forecast (10)

prévoir, to foresee (JP3) [like *voir*]

prier, to request

    je vous en prie, please

primaire, primary (8)

en principe, as a rule (8)

le printemps, spring

    au —, in spring

la prise, capture

le prisonnier, prisoner (4)

    faire —, to take prisoner (4)

priver, to deprive (5)

privilégié(e), privileged (3)

le prix, prize, price

prochain(e), next

proche, near (3)

produire, to produce (11) [like
conduire]

le produit, product, produce

profiler, to outline (10)

profiter (de), to take advantage (of) (JP2)

profond(e), deep

la profondeur, depth (8)

progrès, *m pl*, **faire des —**, to make
progress

le projecteur, spotlight (4)

le projet, plan

    promenade, faire une —, to go for
a walk

promener, to feel (5) [like *acheter*]

se promener, to walk

le promeneur, stroller (JP1)

promettre, to promise [like *mettre*]

prononcer, to pronounce (8) [like
commencer]

à propos, by the way (1)

proposer, to suggest

la proposition, proposal (12)

propre, own, clean

la propreté, cleanliness (JP1)

le propriétaire, owner, proprietor

protéger, to protect (4) [like *espérer*,
manger]

la provenance, origin (12)

de province, provincial (1)

le proviseur, head teacher (of lycée) (8)

provoquer, to cause (10)

à proximité de, near to (JP3)

avec prudence, carefully

prudent(e), cautious (3)

les Prussiens, Prussians (JP1)

publicitaire, publicity (adj.) (10)

puis, then

puisque, since

le pull(over), pullover, jumper (6)

punir, to punish

la punition, punishment (5)

q

le quai, platform

la qualité, quality (JP2)

quand, when

    — même, however, even so,
nevertheless

quant à, as for

le quart, quarter

    un — d'heure, a quarter of an hour

le quartier, district

que, ne ... —, only

    — faire? what is to be done?

quelquefois, sometimes

quelqu'un, someone

quelques-uns, some, a few

le questionnaire, questionnaire (JP2)

queue, faire la —, to queue

une quinzaine, fortnight

quitter, to leave

r

raccrocher, to hang up, put down
(receiver)

la race, breed (JP2)

raconter, to tell

le radiateur, radiator

le radioreportage, radio report (1)

la rafle, raid (9)

le raid aérien, air-raid (JP2)

le raisin, grapes (11)

la raison, reason

    avoir —, to be right

ramasser, to pick up

le rang, row (9)

    au premier —, in the forefront (11)

    rangé, bien —, neat and tidy (JP3)

la rangée, row (11)

rapide, fast, quick, rapid

se rappeler, to remember [like *appeler*]

le rapport, connection (3)

rapporter, to report (6)

se raser, to shave

le râteau, rake (JP3)

rater, to fail

la ration, feed (JP2)

ratisser, to rake (JP3)

rattraper, to catch up

rauque, harsh (9)

le ravitaillement, provisions (10)

à rayures, striped (6)

récemment, recently (9)

la recette, recipe

le receveur, conductor

recevoir, to receive [see Verb Tables]

le réchaud, stove

recherches, faire des —, to make
inquiries

la récolte, harvest, crop (11)

recommencer, to begin again [like
commencer]

récompenser, to reward (10)

reconnaissant(e), grateful (11)

reconnaître, to recognise [like
connaître]

recouvrir, to cover (10) [like *ouvrir*]

la récréation, 'break' (8)

la rédaction, composition (8)

redescendre, to come (go) down
again

refermer, to reclose (5)
réfléchir, to think (5)
le **réfrigérateur,** refrigerator
regagner, to go back to (1)
le **régal,** treat (12)
regarder, to look (at)
régler, to adjust, to direct (traffic) (2)
[like *espérer*]
le **règne,** reign (JP1)
sous le — de, in the reign of (JP1)
la **reine,** queen (JP1)
rejoindre, to meet, to reach (10)
[see Verb Tables]
relier, to connect (JP1)
relire, to read again (1) [like *lire*]
le **relogement,** re-housing (JP3)
reluisant(e), shining (9)
remarquer, to notice
faire —, to mention (JP2)
se faire —, to be noticed (JP2)
remercier, to thank
remettre, to put back, to take back
[like *mettre*]
remonter dans, to get back into (5)
les **remparts,** *m pl,* ramparts (4)
remplacer, to replace (1) [like
commencer]
remplir, to fill
le **remue-ménage,** stir, hullaballoo (8)
la **Renaissance,** Renaissance (4)
rencontrer, to meet
le **rendez-vous,** meeting place (1),
appointment (2)
rendre, to give back, to make
— visite à, to visit
se —, to surrender (4)
se — à, to visit (4)
se — compte de, to realize (JP1)
(**se**) **renfermer,** to shut (oneself) in (5)
les **renseignements,** *m pl,* information
renseigner, to inform (JP2)
se — sur, to inquire about
rentrer, to return
renvoyer, to send back (7) [like
envoyer]
la **réouverture,** re-opening
les **réparations,** *f pl,* repairs (3)
le **repas,** meal
répondre, to reply
la **réponse,** reply
le **reportage,** report
faire un — (sur), to report (on)
se **reporter,** to refer to (12)
le **repos,** rest (10)
le lieu de —, resting place (5)
se **reposer,** to rest
reprendre, to resume [like *prendre*]
le **représentant,** representative (1)
la **représentation,** performance
le **rescapé,** survivor (10)
le **réseau** (*pl* **réseaux**), network (JP1)
la **Résistance,** Resistance Movement (4)
responsable (**de**), responsible (for) (4)
le **ressort,** spring, coil (8)
ressortir, to bring out (4) [like *sortir*]
rester, to stay, to remain

les **restes,** *m pl,* remains (11)
le **résultat,** result
en **retard,** late
retenir, to book, reserve [like *venir*]
retentir, to sound (10)
retour, être de —, to be back
en — de, in return for (4)
un billet (**d'**)**aller** (**et**) **—,** return
ticket
retourner, to return
se —, to turn round
en **retrait de,** away from (JP1)
en **retraite,** retired (1)
retrouver, to meet
la **réunion,** meeting
se **réunir,** to meet (7)
réussir (**à**), to succeed (in)
la **réussite,** success (3)
se **réveiller,** to wake up
révéler, to reveal (12) [like *espérer*]
revenir, to come back [like *venir*]
rêver, to dream
rêveur; rêveuse, dreamy (11)
revoir, to see again [like *voir*]
le **révolutionnaire,** revolutionary
la **revue,** magazine (1), review (JP1),
march-past (7)
le **rez-de-chaussée,** ground-floor
ridicule, ridiculous
rien, ne ... —, nothing
de —, not at all, don't mention it
rigoler, to laugh (8)
rire, to laugh [see Verb Tables]
risquer, to risk
la **rive,** (river) bank (JP1)
la **rivière,** river
le **riz,** rice
la **robe,** dress
· **la — de mariée,** wedding dress (6)
le **roi,** king (JP1)
le **roman,** novel
le — policier, detective novel (5)
romantique, romantic
rond(e), round
rose, pink
la **rose,** rose (7)
le **rosé,** rosé (wine)
rougir, to blush (5)
roulé(e), rolled up (8)
rouler, to drive (along)
la **route,** road
en — pour, on the way to
se mettre en —, to set off
le **Royaume-Uni,** United Kingdom (5)
la **rue,** street
rusé(e), cunning (4)
le **rythme,** rhythm, pace (JP3)

S

le **sable,** sand
le **sac,** bag, handbag
sage, good, well-behaved, wise (3)
sain et sauf, safe and sound (9)
saisir, to seize
la **saison,** season
le **salaire,** pay, wages (2)

sale, dirty
un — temps, terrible weather (10)
la **saleté,** dirtiness (JP3)
salle, la — à manger, dining room
la — de bain(s), bathroom
la — d'expositions, exhibition hall (
la — des Fêtes, concert hall
le **salon,** living room, lounge, showroom(
le **sang,** blood
le **sang-froid,** calmness (5)
sans, without
— doute, no doubt
la **santé,** health
satisfait(e), satisfied (5)
le **saucisson,** sausage
sauf, except
sain et —, safe and sound (9)
sauter, to jump, to blow up (1)
sauver, to save
le **sauvetage,** rescue (10)
le **sauveteur,** rescuer (10)
savoir, to know [see Verb Tables]
le **savon,** soap
le **scénario,** script (4)
le **schéma,** diagram, plan (3)
les **sciences,** *f pl,* science
les — économiques, economics (8)
scier, to saw (JP1)
scolaire, school (adj.)
le groupe —, educational campus (JP
le **scooter,** scooter
à —, by scooter
la **séance,** performance
sec; sèche, dry (12)
sécher, to dry (JP1) [like *espérer*]
secondaire, secondary (8)
secours, au —, help
la caravane de —, rescue party (10)
le **séjour,** stay
le **sel,** salt
sélectionner, to select (10)
selon, according to
la **semaine,** week
semblant, faire — de, to pretend to
(10)
sembler, to seem
la **semelle,** sole (6)
semer, to sow (JP3) [like *acheter*]
le **sens,** sense (5)
sensation, faire —, to cause a
sensation (5)
sensationnel(le), sensational
sentir, to smell [like *sortir*]
se — (mal), to feel (ill)
la **série,** series (8)
sérieux; sérieuse, serious
se **serrer la main,** to shake hands (5)
service compris, service included
la **serviette,** table napkin, towel, brief-
case
se **servir de,** to use [like *sortir*]
seul(e), alone, single
seulement, only
le **siècle,** century
le **siège,** siege (JP2)
le — arrière, back seat (2)

le sifflet, whistle
signaler, to point out (JP2)
signe, faire —, to signal, wave (1)
le sinistre, disaster (10)
la situation, situation, plight (5)
situé(e), situated
la soie, silk
soif, avoir —, to be thirsty
le soin, carefully
le soir, evening
la soirée, evening
soit! all right, so be it (8)
soit ... soit, either . . . or (JP1)
le sol, ground (1)
le soldat, soldier (4)
le soleil, sun
  il fait du —, it's sunny
solennel(le), solemn (8)
la somme, sum
le sommeil, sleep (5)
le sommet, top (7)
le son, sound (4)
le sondage d'opinion, opinion poll (6)
sonner, to ring
la sonnette, bell
le sort, fate (12)
la sorte, sort, kind (3)
la sortie, exit
sortir, to go out, come out, to take out [see Verb Tables]
se soucier de, to worry about (4)
peu soucieux, unconcerned (12)
soudain, suddenly
souhaiter, to wish
soulager, to relieve (5) [like manger]
soulever, to lift (5) [like acheter]
le soulier, shoe
souper, to have supper
soupçonneux; soupçonneuse, suspicious (1)
souriant(e), smiling (JP1)
sourire, to smile [like rire]
la souris, mouse
sous, under
  sous-marin(e), underwater (JP3)
  le sous-sol, basement
soutenir la comparaison avec, to bear comparison with (JP3)
le souvenir, souvenir
se souvenir (de), to remember (5) [like venir]
souvent, often
le sparadrap, sticking-plaster
le spectacle, show
le spectateur, spectator, viewer (1)
la splendeur, splendour (JP2)
le stade, stadium
le stage, course (1)
le stagiaire, member of a course (12)
la station, station
  la — thermale, spa (JP2)
en stationnement, parked (2)
stationner, to park
la stupeur, astonishment (12)
le stylo, fountain pen
un succès fou, great success (6)

sucer, to suck (5) [like commencer]
le sucre, sugar
le sud, south
le sud-est, south-east (JP1)
le sud-ouest, south-west (JP1)
la Suède, Sweden (8)
  suédois(e), Swedish (8)
  suffire, to be sufficient (JP3)
la Suisse, Switzerland
  suisse, Swiss
à la suite de, following
suivant, according to (JP2)
suivi(e) de, followed by
suivre, to follow [see Verb Tables]
un sujet, subject (4)
  au — de, about
superbe, magnificent
supérieur(e), advanced (8)
le supermarché, supermarket
sur, on
sûr(e), sure
  bien sûr, of course
une surabondance, too much (JP2)
surcharger, to overload (10) [like manger]
surnommé(e), nicknamed (12)
surprendre, to surprise [like prendre]
surtout, especially
la surveillance, watch (12)
survoler, to fly over (10)
sympathique, likable, kind
le Syndicat d'Initiative, tourist information office

t

le tabac, tobacco
le tableau, picture, scene
  le — noir, blackboard
la tâche, task (4)
taciturne, uncommunicative (5)
la taille, height, size
le tailleur, costume (6)
le talon, heel (6)
tandis que, while, whilst
tant, — de, so much, so many
  — que, so long as, while (9)
  — pis! too bad!
la tante, aunt
la tapisserie, tapestry (JP2)
tard, late
  il se fait —, it's getting late (9)
  plus —, later
  trop —, too late
tâter, to taste, sample (12)
le tas, pile
la tasse, cup
le taudis, hovel (JP3)
le taureau (pl taureaux), bull (10)
le taux de change, exchange rate (5)
le Tchécoslovaque, Czech (5)
tel(le), such (1)
  tel que, such as (5)
téléphonique, la cabine —, call-box
le téléviseur, television set
tellement, so, very much (2)

le témoin, witness
la tempête, storm (5)
le temps, weather
  à —, in time
  de — en —, now and then, from time to time
  de — à autre, from time to time
  en même —, at the same time
  peu de —, a short while (1)
tendre, to hold out (8)
  — un index, to point a finger (8)
les ténèbres, f pl, darkness (JP1)
tenter de, to attempt to (10)
la tenue de plage, beach wear (6)
le tergal, terylene (6)
terminale, la classe —, final year (8)
(se) terminer, to finish
le terrain de jeux, playground (JP3)
le terrain de sports, sports ground
la terrasse, terrace
la terre, the world (1), land (4)
  par —, on the ground
la tête, head
  avoir mal à la —, to have a headache
le thé, tea
  théâtral(e), theatrical (JP2)
le tilleul, lime-tree (JP1)
le timbre, stamp
  timbré(e), stamped (JP2)
timide, shy (JP2)
la timidité, shyness (JP2)
le tire-bouchon, cork-screw (11)
tirer, to let off (fireworks) (7), to shoot (7)
le tiroir, drawer
le tissu, cloth
la toile, canvas (3)
le toit, roof
la tomate, tomato
tomber, to fall
  laisser —, to drop
  — en panne, to break down (3)
le tome, volume (12)
la tonne, metric ton (1,000 Kg) (JP1)
le tonneau, barrel (11)
tort, avoir —, to be wrong (12)
tôt, early
  trop —, too soon
  le plus — possible, as soon as possible (9)
toucher, to receive (money) (2)
  — un chèque, to cash a cheque (5)
toujours, always, still
le toupet, cheek (9)
la tour, tower
  la — d'habitation, tower block (JP1)
le tour, turn (4)
  faire un — (de), to tour
la tourelle, turret (JP1)
le tournant, turning (5)
le tourne-disques, juke-box (1)
la tournée, tour (JP2)
tourner, to turn
  — un film, to shoot a film
  se — vers, to turn towards (2)

159

tout, everything
  en —, in all (4)
  — à coup, suddenly
  — à fait, completely, quite
  — à l'heure, just now, later
  — le monde, everybody
  — près (de), quite close (to)
  — de suite, at once
tout(e), all
  à toute vitesse, at full speed
  tous les deux; toutes les deux,
    both
la trace, sign, trace (10)
le tracteur, tractor (11)
  traditionnel(le), traditional (JP1)
le traîneau, sledge (10)
le trajet, journey
  tranquille, quiet
la tranquillité, peace
les transports maritimes, shipping (JP2)
le travail, work
  travailler, to work
le travailleur, worker
les travaux, *m pl,* road-works
  à travers, through (JP1)
  traverser, to cross
le trésor, treasure (4)
le trimestre, term (8)
  triste, sad (9)
  tromper, to outwit (5)
    se —, to be mistaken
  trop, too
    — de, too much, too many
    — tard, too late
    — tôt, too early, too soon
le trottoir, pavement
le trou, hole (3)
  troubler, to worry
la troupe, troop (JP2)
  trouver, to find
    se —, to be (situated)
  tuer, to kill
le type, fellow, chap
  typique, typical (7)

u

  un à un, one by one (3)
  uni(e), plain (6)
  urbain(e), urban (JP1)
une usine, factory, works (1)
  utile, useful (3)
  utiliser, to use

v

le va-et-vient, coming and going
les vacances, *f pl,* holidays
  les grandes —, summer holidays
la vache, cow
  vaincre, to conquer (JP2)
  vaisselle, faire la —, to do the
    washing up
le Val de Loire, Loire Valley (JP2)
la valise, suitcase
  valoir, to be worth (JP2) [see Verb
    Tables]
  varié(e), varied   [star
la vedette (des disques), (recording)
le véhicule, vehicle (JP1)
la veille, the day before, eve
la veine, luck (8)
le vélo, cycle
  à —, by cycle
le vélomoteur, moped
la vendange, grape harvest (11)
le vendangeur, harvester (11)
la vendeuse, shop assistant
  vendre, to sell
  venir, to come [see Verb Tables]
    — de, to have just
le vent, wind
    il fait du —, it's windy
    dans le —, up to date, in fashion
la vente, sale (4)
  vérifier, to check
  véritable, real (JP1)
le verre, glass
le verrou, bolt (12)
  vers, towards, about (of time)
  verser, to pour (11)
le verso, back (JP1)
le vestiaire, cloakroom (JP1)
les vêtements, *m pl,* clothes
la veuve, widow (JP2)
la viande, meat
la victoire, victory
la vie, life
  gagner sa —, to earn one's living (1)
le vieillard, old man
  vieillir, to age (JP3)
  vieux (vieil); vieille, old
    mon vieux, old chap
  vif; vive, keen (7)
    un vif plaisir, great pleasure (6)
la vigne, vine (11)
le vignoble, vineyard (JP2)

le vigneron, vine grower (11)
la ville, town
  en —, to town, in town
en villégiature, on holiday (JP2)
le vin, wine
  vinicole, wine growing (adj.) (11)
la violette, violet (7)
la vis, screw (11)
le visage, face
la visite, visit
  rendre — à, to visit
le visiteur, visitor
  vite, quickly
la vitesse, speed
  à toute —, at full speed
  excès de —, speeding (2)
la vitrine, (shop) window
  vivant(e), alive, lively
  vivre, to live (4) [see Verb Tables]
les vivres, *m pl,* supplies (10)
les vœux, *m pl,* wishes
  les meilleurs —, best wishes
  voir, to see [see Verb Tables]
  voisin(e), neighbouring
le voisin; la voisine, neighbour
la voiture, car
la voix, voice
  à — basse, in a low voice
le vol, robbery
  le — d'enfant, kidnapping (9)
le volant, steering-wheel (2)
  voler, to steal
le voleur, robber, thief
  vouloir, to want [see Verb Tables]
le voyage, journey
  voyager, to travel [like *manger*]
le voyageur, traveller, passenger
le voyou, hooligan (1)
  vrai(e), real, true
    à — dire, as a matter of fact
  vraiment, really
  vu que, since (1)
la vue, view
  perdre de —, to lose sight (7)

w

le whisky, whisky

y

  y, there
les yeux, *m pl,* eyes